溪

Brook and Mountain

武捷宇 著

深圳出版集团
深圳出版社

图书在版编目（CIP）数据

溪山 / 武捷宇著. -- 深圳：深圳出版社，2025.
10. -- ISBN 978-7-5507-4295-6

Ⅰ．I247.7

中国国家版本馆CIP数据核字第2025PR8153号

溪山
XI SHAN

责任编辑　靳红慧
责任校对　莫秀明
责任技编　郑　欢
封面设计　日光
　　　　　BRILLIANCE

出版发行　深圳出版社
地　　址　深圳市彩田南路海天综合大厦（518033）
网　　址　www.htph.com.cn
订购电话　0755-83460239（邮购、团购）
设计制作　深圳市龙瀚文化传播有限公司 0755-33133493
印　　刷　深圳市华信图文印务有限公司
开　　本　889mm×1194mm　1/32
印　　张　8
字　　数　150千
版　　次　2025年10月第1版
印　　次　2025年10月第1次
定　　价　48.00元

目录

金色罗汉

朱砂佛像

何必关电脑的时候，发现窗外下了好大的雨，忍不住叹气。叫车又要排队。毕业多年，何必的时间毫无痕迹地流淌进了别人的时钟。她像一粒米，挤入社会的米缸里，拿着放大镜也找不到她了。何必看着楼下的车和灯光被雨幕捏成率性的形状，不禁生出羡慕。真好，它们有自己的自由意志，和不被驯化的选择。

叫车软件把何必排在了第一百一十二位。何必把皮包丢在脚边，往办公椅里一倒。手机屏幕突然亮了，几条未读消息弹了出来。她坐直，抓起手机匆匆扫了一眼，来自汪洋。和他在一起之前，觉得他是牙医，晚上不用值班，不用出急诊，可以按时下班，怎么看怎么好，结果真的在一起了，才发现他很多时候真的闲出毛病。汪洋一整天都在给她打电话，发信息。她有些恼怒，不是因为他密不透风的追击，而是因为他不专业。她当初爱的就是他的专业，现在上班时间，他不拔牙、不补牙，疯狂地、见缝插针地制造联系，什么意思？有什么意思？

当初是何必先对汪洋动了心，因为他给何必拔牙时，口罩上半部分的眉眼温柔得像月光下的水塘。何必好奇口罩下的内容，于是用了点小手段。先加他工作微信，一开始话题严苛地围绕牙齿进行，然后从牙齿转移到疼痛。说来神奇，不知道是不是潜意识的助力，拔完牙没两天，何必就得了干槽症，半夜痛得睡不着。何必就拥有了连续给他发消息的完美理由。汪洋自然不知道何必的心思，但对于牙医来说，牙齿就是作品，现在作品出了问题，他不能接受。何必被叫回了医院，又躺在了绿色的牙椅上。巧的是，何必穿了一条绿色的裤子，他揶揄何必像躺进了一片绿色草地。何必是最后一位患者，何必起身时，太阳已经下落，披挂在他身上，他入定在那里。一尊高大的，金色罗汉。

他的工作微信转了很多牙齿方面的文章链接，只有一张风景照，吸引了何必的注意力。镜头感很好，拍的是春光里的寺庙。何必认出来了，是本地城郊的那座寺庙。他的配文寥寥数语：时人爱财又贪名，披星戴月苦经营。身外之物休留恋，诗书礼乐值千金。何必读着像是偈，搜了一下，果然，是雷德尊者的偈。雷德尊者执掌雷霆权柄。但凡惊雷滚过，或闪电劈落，只要尊者法旨所至，便能镇住雷霆的狂躁，平息闪电引燃的灾厄。

何必有意设计了一下朋友圈。第一张是之前在一座其他城市的寺庙拍的照片。照片是朋友拍的，何必穿着一身扎染的棉质衣裙，纯净，虔诚，在佛前合掌发愿。然后又放出一张她肿着腮帮子皱眉头的自拍，可爱又狼狈。何必当然知道自己是美的，所以要制造一些巧妙的反差。配文写什么呢？何必想了又想，一开始想写一些俏皮话，但拿捏不准汪洋到底是什么性格的人，保险起见，索性只留下四个字：反求诸己。这四个字，暗合了他的偈，也暗合了何必的处境，还展示了两面的何必。她头像右上角出现红色数字提示时，何必知道她成功了。

汪洋很是关切：牙还疼吗？今天处理了，有没有好一点？

好点啦！何必轻松的语气后迅速跟了个眼里噙着泪的虚拟表情。

他果然着急了：还是痛是不是？你吃消炎药和止痛药了吗？

老聊牙齿可不行，今晚她就要进入他的精神生活。何必故意把话题引到她的朋友圈上：吃过啦，外求不得，反求诸己嘛！

那晚何必顺利加上了他的私人微信，他们聊天的内容也终于如她所愿，过渡到了牙齿以外的部分。何必看到了他口罩之下的秘密。鼻子线条锋利如刀割，牙齿是白色的城墙，一堵挨着一堵，紧紧靠着，城墙背后的偈呼之欲出。汪洋体力极好，不知道他健身是为了有力气拔牙，还是为了充当金色罗汉，又或者二者兼而有之。总之往往是何必混乱地横陈在被子和枕头里，浑身的力气被贪婪地抽干了，就像拔牙时口腔里的唾液被吸唾器贪婪地抽干了。何必仰望着那尊高大的，金色罗汉，窗帘半拉着，光线从他背后扑出来，他的身躯出现了一圈光晕，像佛光，神圣，不容亵渎，普照着她。手执某种耀武扬威的法器，很精神。不过，法器是修证佛法，供养诸佛的标志，安插在金色罗汉身上，似乎被亵渎了，失去了冷静的在场。

汪洋说，面对患者，他的口罩之下藏着太多见不得光的秘密，比如咬牙切齿的咒骂，都被口罩专业地挡了回去。说完他又笑，白色的城墙看上去完美无瑕。他说，所以这口罩不能摘，不然他的真面目就藏不住了。

他的脾气很古怪。一开始总是习惯性压抑自己的真实感受。他们吵架的时候，他常常一言不发，白色的城墙紧紧闭着，被逼问得急了，就说些自毁的话。何必说，我们就事论事就好，你大可不必这样轻贱自己。他不听。再后来，他不再沉默，而是沉陷在细节和影子里，一遍遍搜刮何必爱他的证据。他要求何必面对他的搜刮，必须保证每一次的反应都复制粘贴，没有差池。如果有差池，他就会陷入怀疑的泥淖。

他第一次愤怒时，何必摸了他的耳垂，乳房贴着他的背，松软如帕玛森乳酪蛋糕，他心甘情愿地融化成一摊水，企图改变自己，适配他背后的温暖容器。她的爱情观是每个人都是独立的容器，装着独立的思想、识见、认知、呼吸，即使穷尽一生再怎么彼此接近，容器之间依然被壁与壁分割，无法交融。这两厘米的奢侈空间，如今被汪洋打破了。何必不止一次提醒过他，不要改变自己，任何客体的容器都不值得自己做出违心的改变。他第二次愤怒时，何必又摸了他的耳垂，像抱着一个巨大的儿子。真该死，她也不知道自己为什么总是被他激发出母性。他第三次愤怒时，何必第三次摸了他的耳垂。金色的罗汉却露出了讨好的笑，毛茸茸的头发使劲向前拱着，乞求何必的垂怜和抚摸。何必的瞳孔颜色变深了，变模糊了。他第四次愤怒时，何必正在痛经，小腹绞痛，眼前发黑，浑身发寒，这一次，她忘记了摸他的耳垂。其实就是太痛了，所以忘了。汪洋却要说，你忘了，所以我太痛了。他便把书架上的医学书籍都扫到地上，如秋风扫落叶，他力气大得惊人，那些医学书籍个个是大块头。

何必读书的时候，选修过心理学系的课，课上提到精神动力学上有个概念叫作"客体恒常性"，意思是大多数人在儿童时期可以获得一种认知能力，明白就算在某些情况下客体无法被看见、触摸或者感知到，这个客体也依然是存在的。如果这种能力健康地发展了出来，人与客体之间就能保持一种稳定的恒常性。她和他曾经一起翻看过他儿时的照片，他被大人抱进齐成人膝盖深的雪地，他瞬间陷了进去，脚下的雪发出吱嘎的脆响，影像留存了他大得像葡萄珠一般的眼睛，惊恐流溢。

他倒在枕头上，眼泪从眼尾流向发际，鼻梁和山根隔开了窗外的雷声，电光，也隔开了她。他诉说他如何在雷电交加的夜晚，被强制从母亲的怀里抱进祖父的怀里，像活剐母亲的肉，一种古老的刑罚，鲜血淋漓，母亲发出号叫，不受控制。记忆细胞涌动起远古的兽类目睹同类被宰杀时的号叫，小小的他也战栗了，裤子脚流淌下一摊水。

在绿皮火车上，祖父端着掉了几块漆的搪瓷缸接开水，泡方便面。他将食指塞进嘴里，眼馋推车上的八宝粥和无花果干。祖父把他的手指拽出来，狠狠打了一下，说，不买，你爹妈没给我一分钱，没钱买。他愣住了，看看自己的手背，三个指头印，红红的，暗暗从皮肤表面隆起。只有三个指头印是因为他的手小，手背装不下祖父宽大的手掌，最多装得下三根手指头。他的皮肤后来一直敏感，只要抓挠得稍微用点力气，或者拍打得稍微用点力气，就会立刻显现出痕迹。

他撇撇嘴，要哭的样子。祖父捏捏他的脸，口气和表情又缓和了点，说，不准哭，你看对面那两个小女孩，也是留守儿童，爹妈不也没跟着，你看她们就没哭。汪洋看过去，她们脸上红彤彤的，可能第一次坐火车，对白色的被子、枕头，走道里蓝色的碎花边凳感到新鲜，东摸摸西看看。两个小女孩可能还不知道，打开这列绿皮火车，就是打开了潘多拉的魔盒。如果不够幸运的话，她们可能永远走不出那列绿皮火车了。

金色罗汉被何必带回了家，他从此失去金身。在沉重的城市里，一米六的何必，沉重地拖拽着一米八的汪洋。他制造一根又一根的稻草，不断地怀疑爱，推开爱，羞于体验爱。白天，他冷静地端坐牙医椅之上，冷静地拔牙，补牙，种牙，完成和牙齿的搏斗；夜晚，他疯狂地骑跨在何必身上，疯狂地植树，种树，砍树，揠苗助长，爱情的发端和发酵被过早地催促和加速，越来越失控于她。真奇怪，他的破碎，他的紊乱，他的哭泣，都置换成了他在床上的绝佳表现。他恨不能折断自己的肋骨，消融在他身下的夏娃里。潮退之后，何必疲惫地仰倒。她不喜欢失控的感觉。她早已从连贯而成功的高等教育中习得缜密，而今这种缜密连同她的安全感，也在被不动声色地吞噬。

他们的争吵越来越频繁。汪洋会在某一次话轮的留白里突然爆发，完全无法收场，大喊大叫，语言的逻辑稀碎得像厨房水槽里腐烂的菜叶。和拔牙椅上的专注与专业判若两人，和床上的专注与专业也判若两人。

早上出门前，汪洋又和何必吵了一架，原因很简单。何必在会议的茶歇间隙接了他的电话，眼睛没有离开电脑屏幕上的数据，汪洋觉察了，十分哀怨，还要演出十二分。他问她为什么不认真接听他的电话，他强调了"认真"二字。何必把手机反扣回桌面，重新躺进椅子。她不愿接他的电话，更不想回复他的信息。何必不想耗损自己的心力去承接他一次又一次的情绪洪流。

老八狠狠拍了一下方向盘，又被方向盘给反震得缩回了手，痛得骂娘。他想着，堵得毫无意义！不过这世界上毫无意义的事太多了，话一出口，他便气极反笑，觉得自己这句裹着价值糖衣的斥骂毫无意义。疫情结束转眼一年多了，他中途还阳过一次，但一直没找到新工作，无奈只能继续开车。车窗外，雷鸣和电光如裂帛，如冰下滩，如花底滑，如水浆迸，如刀枪鸣。神祇在低语，传递另一个维度的信号。前面的车流红得像杜鹃口里淌出的血，淅淅沥沥的。前挡风玻璃上均匀地涂抹了一层雨幕，杜鹃的血斑驳了。他烦躁不安，干脆把空调的冷风开得更大，呼呼的轰鸣声暂时成功转移了他的注意力。

网约车平台的女声提示接到了新客，地点在高新园，市区最大的金融中心，听说那附近的房价十来万一平。他吐吐舌头，继续缓缓推进着像乌龟一样的铁皮家伙，心里突然爽快了几分。这个点加班的看来不只他，还有那些衣冠楚楚的精英。他跑网约车之前，也曾是这些写字楼里或黑或白的体面男女之一。那时，他和他们一样，凌晨三四点皱巴巴的西装之下，是过大的压力堆叠出的肚腩，是用柜台里最高级的脂粉也掩盖不住的眼袋。不管过去还是现在，大家都在追逐这些所谓的身外之物，过去是生存，现在也是生存，生存在他们身上烫勋章，无所谓体面与否，织锦被烫出大洞，依然可以将就着穿，时人爱财又贪名，披星戴月苦经营。有一点他可以确定的是，不管是过去还是现在，大家都差不多，各有各的苦，众生皆苦。

车子停在了路边，眼前这栋大厦长得像青笋一般，下宽上窄，屁股圆滚滚的，脑袋尖尖的，长得挺幽默。大厦前立着两条笔直的长腿，长腿的主人向他招手，她手腕上的手表在夜幕里一闪一闪的，反射着大厦的灯光，价格便宜不了。长腿快步向他奔过来，一前一后轻捷地伸进了车的后座，车门关上了，一股浓烈的香水迅速涌动。香过头了就是臭，老八被熏得直咳嗽，心里暗骂。长腿报了手机尾号最后四位，脑袋便向后倚靠，闭上了眼，长发在两只耳朵附近散开。

老八叹了口气，觉得有些遗憾，从高新园到长腿的目的地还蛮远的，眼下她说睡就睡了，怪寂寞。他本想和她说说话的。

不知道长腿是不是听到了他的腹语，车子刚过了一个红绿灯，老八从后视镜里看到长腿睁开了眼睛，拿起手机，开始打字，噼里啪啦，气势很足。打完字，长腿把手机锁屏，手机里发出咔嚓一声轻响，手机被放回了膝盖上。长腿脸色变得很臭，一言不发，一只手不知不觉搂住了自己，越搂越紧。这是防御的姿势。老八紧张极了，又觉得期待极了，想看看对面什么时候回复，会怎么回复，权力的中心会如何倾泻回手机这端。隔岸观火很有意思，当然前提是不要祸及他。不过等了好一会儿，都不见手机有什么响动。老八忍不住继续从后视镜里偷看她。眼睛不算很大，但形状很媚，眉毛在前方红色车流的照射下，根根分明，像用梳子梳过，鼻子很高，孤独地向前突出，嘴巴倒是很小很薄，紧紧地抿着，更小了，更薄了。穿一身黑色连衣裙，外面裹了一件棕色的皮质西装，连衣裙的领口很高，一直到锁骨上方，项链的吊坠垂了下来，好像是一小枚朱砂佛像。

他看得出神，后面的车突然猛按喇叭，吓得他一激灵，忍不住又要骂娘，一抬头才发现，红灯早就变成绿灯好一会儿了，前面的车和自己拉开了好大一截距离。他慌慌张张地抬脚，松开刹车，猛给一脚油门，屁股底下的铁皮家伙发出一声不情愿的哼叫，终于重新向前蹿了出去。

长腿冷不丁地冒出一句，师傅还是专心点比较好，下这么大雨，走神的话，你我都不安全。老八心细，注意到她的措辞，没有说"我们""咱们"，而是用了"你我"，边界画得极其清楚。一个雨夜里戴着朱砂佛像的清楚女人。他忍不住想跟她多聊几句。

过了最堵的那一片，这段路就好走一些了。老八身体前倾，饶有兴趣地看向前方的高楼，一片一片连缀在一起，红的，蓝的，紫的，绿的，在雨幕中模糊，又在雨幕中清晰。他开口问她，这么晚才下班啊？

长腿说，没办法，赶项目就是这样。长腿瞟了他一眼说，这种天气，应该接单量挺多的吧？

老八笑笑，哪里的话，越是这种天气，越不好接单，这里头的门道，我也不好跟你解释。

长腿淡淡地把目光移向窗外，没直接接茬。老八知道，她估计是觉得他在故弄玄虚，于是把话题岔开，我吃颗槟榔，你介意吗？开得有点久了，困了。

长腿没看他，说，我抽根烟，你介意吗？

老八有些惊讶，旋即又笑了，说，这有啥的，你是乘客，你是上帝，上帝抽个烟，还能拦着吗？

这话很土，也很油，但长腿却意外地笑了起来，两片红唇间意外地露出一颗虎牙，说，那上帝就不客气了。她从包里掏出烟和打火机，熟练地给自己点上，摇下车窗，吐了一口烟。老八眼尖，认出那打火机是西太后的土星打火机。长腿嘴巴没完全合拢，烟从虎牙旁边拐过去，慌不择路。

老八也没客气，趁着又一个红绿灯的工夫，往嘴里塞了一颗槟榔，又凉又苦的味道在车里盘旋，像虎视眈眈的鹰隼，寻找它的猎物。

长腿靠在车枕上，指头里夹着烟，问他，师傅开了多久的车了？

老八呱唧呱唧嚼着槟榔，反问她，你觉得呢？

这个问题还是很无聊，有随时坠地做自由落体运动的风险，但长腿却再一次把它接了起来，我觉得时间不算很久，可能最多一两年。

老八笑起来，你猜得差不多。我原来不是干这个的。

长腿的好奇心被勾起来了，那你是干什么的?

老八神秘地努努嘴，用眼神示意长腿看向她自己胸前的朱砂佛像，说，想不到吧? 我是搞设计的，设计寺院的。

长腿有些惊讶，说，真看不出来，师傅，搞设计的很常见，但设计寺院的，这个方向很少见。

说话间，车已经开到了长腿家楼下。老八心里痒痒起来，转头问她，你急着回家不? 不急的话，我把车停到路边，给你看看我的手稿。

他把车灯摁亮，摸出手机，一张张翻给长腿看里面的照片。一幅一幅，要么是佛陀，要么是菩萨，曲眉丰颊，圆润秀美，神态静穆，还有一座又一座建筑的草图。

老八把建筑草图用大拇指和食指放大，一样一样给她介绍道，这个叫封檐板，也叫遮檐板，是屋檐檐口的一种收口构件，用来保护檐口，免受雨水侵蚀的，当然装饰性也很强。这叫雀替，位于柱与梁交接处的下方，除了起到装饰作用之外，还是辅助受力的构件，一般横向尺寸比纵向尺寸大。这个叫柁墩，也叫驼墩或者驼峰，位于上下两层梁枋之间，能将上梁承受的重量传到下梁的大块垫木上，上表面如果是平的，就叫墩，如果是凸起的，就叫峰，柁墩是用来调节上下梁之间的高差的。柁墩底下的这根横木，就是木梁，这是一根特殊的横木，下方有两个以上的支点支撑，要么就是下方两端有柱子承托，上方有瓜柱和柁墩承受着上层的力。还有这个，这个叫石弓梁，是江南的木月梁演变过来的。老八停了停，说，我是搞岭南建筑的。然后又继续讲道，这种梁的横截面，你仔细看，是不是很像睡觉的床？或者说，是不是很像一只很有弹性的大虾，或者，一张拉满了的弓？所以也叫虾弓梁，它很稳当的，是山墙和檐柱之间的联系梁。

老八说起建筑就没个完，不知不觉口水都说干了，扭头，看向长腿，抱歉地笑笑，真不好意思，一下就刹不住车了。没想到，她正聚精会神地看着他的草图，手指撑着下巴，我听得很认真啊，我就是做这行的。师傅你很有想法，这些草图画得都不错。时间不早了，我给你留个名片，上面有我的工作微信和工作电话，有需要的话，后续可以再联系。

老八接过名片，上面写着"何必"，后面跟着一串英文，他掏出手机，搜了一下，原来是一家建筑事务所，国内几个一线城市都设有分部。他再抬头，长腿，或者说何必已经钻进了小区的黑色铁门里，消失不见了。

灰绿头发

何必一进家门，还没拧亮灯，就感觉不对劲，空气中有股酒气。汪洋声音低低地扑过来，两只手环住何必的腰，你怎么才回来？何必吓了一大跳，急急忙忙摸到灯的开关，才发现汪洋喝得大醉，脸通红。汪洋咧嘴，手伸进何必的衣服，摸她的乳罩扣子。他的手心很粗糙，也许是天天拔牙，和器械摩擦得多了，迸溅出火星子，灼过之后，留下了痂子。痂子往前试探，触碰到了柔软、神秘的滩涂。何必拼命挣扎，带着哭腔，说，你别这样。这四个字让汪洋的手悬停在空中，进退两难。汪洋把脸埋在她的脖颈处一会儿，闷闷地喘了几口粗气，一拳砸在墙上，说，算了，没意思。

何必把汪洋留在身后，慌乱逃进浴室，心跳得极快。她开始脱衣服，一件，又一件，再一件，像剥掉笋的外壳，她立在笋壳堆里，越来越细。衣服上缠绕着汪洋的酒气，还有一股雨水的腥气，竟然有铁锈的味道，好臭。她一把将水龙头扭到最大，把调节温度的旋钮扭到最大，滚烫的热水塌方，喷了出来。她觉得自己很脏，而且是洗不干净的脏。汪洋带痂子的手下了狠劲，掐进自己的乳房。现在，她垂下头颅，能清晰地看到乳房上的手指印。三个指头印，红红的，暗暗从皮肤表面隆起。只有三个指头印是因为他的手大，乳房盛不满汪洋宽大的手掌，最多装得下三根手指头。她的眼泪流了下来。

她走出浴室，身体带来的热气在空中上下浮动，也在她的眼前上下浮动。她忍不住用手拨开水雾，像拨开一面白色的帘。汪洋侧着身体，蜷缩在被子里，发出均匀的鼾声。她坐在床头愣了一会儿，在黑暗中捏着被子没有动弹，然后缓缓躺在汪洋身边，抱住了他。汪洋微微抖了一下，像是醒了，又像是没醒。她的手指继续攀登，和他的手心相握。她握住了那些手心里的痂子。痂子迟钝了几秒，反握住了她。也许太热了，汪洋的背开始出汗，大颗大颗的汗滴挤了出来。她把脸埋在他的背上，一时分不清楚那是眼泪还是汗。

　　她知道汪洋"绿"了她。但她不知道汪洋知不知道她知道。端倪在他有一天突然抱怨了一声，你的胸好小。她愣住了。汪洋第一次看到她的身体时，呼吸急促，恨不能死在她的汪洋里，汇入她的支流。这么久了，她的胸的尺寸一直没有变过，交往时多大，现在还是多大。唯一的解释是他见过了更大的胸。她一开始觉得自己这样想，有点强盗逻辑，但她找不到推翻这种强盗逻辑的铁证。法器失去了圣洁的光辉，金色罗汉也不再发出金光。它晦暗了，金箔纷纷落下，似一场匆促的桃花雨。她跪在地上捡拾那些花瓣，但赶不赢它们下落的速度。

　　汪洋的车里有一根长头发，灰绿色的。这根头发的主人应该年纪不大，至少比他和她都要小，不然怎么会染这种颜色的长发。她印象里的汪洋不太可能爱上染着灰绿色头发的女人，他严肃得像古城里的照壁，花纹在不同时间段的光线里高低错落，却无一例外地辩证统一。但灰绿色的长发言之凿凿，她反而心虚了。她把头发偷偷放进钱包，不动声色。

都说爱一个人，会闻到他身上的气味。她之前闻到的汪洋，真的就像一片汪洋，静谧，甚至有一丝丝的甜；现在闻到的汪洋，还是一片汪洋，但是被填塞了太多垃圾的一片汪洋，发黑，发烂，发出一阵一阵腥膜的海的气味。她本能地捂住口鼻，也捂住了眼泪。

汪洋开着车，转头看她，看到她捂住口鼻的动作，以为她有点晕车，依然一脸关切，依然一脸温柔，你还好吗？怎么了？

她冷冷地把手放下，竭力屏住呼吸，喉舌因绷得太紧，生疼，说，我没事。她望向窗外，树叶一片一片扫过玻璃，车速太快，被压扁，变成载玻片下的标本，僵硬。她问他：你爱我吗？她终于还是问了这个俗不可耐的问题。她觉得他们相爱以来，他的所有表现都无法被定义为"爱"。汪洋也吃了一惊，因为他记忆里的何必不会问这样的问题。总是他更在意她，更患得患失，更较劲。他等了这么久，石头抛进水里无数次，浪花飞溅，终于等来了她的一声回响。就是当这期待已久的回响降落时，他反而毫无准备，也没有多少快感。

他礼貌地微笑了，说，当然。

何必把手插进钱包的缝隙里，触摸到那根灰绿色的头发，滚烫得像塌方的洗澡水，似乎还在跳动，一鼓一鼓地，是拳头大的心脏，是生的希望。窗外，叶子更绿了，更暗了，更密了。她在叶子与叶子之间窥看天空，要下雨了。天灰得发蓝，蓝得发黑，黑得发黄，黄得发红，红得坦白。她转头看向汪洋，说，要下雨了。汪洋一手控制方向盘，一手空出来，摸摸她的头，像薅小狗。

车继续在叶子里穿梭，天光阴沉下来，汪洋也阴沉下来。何必快看不清他的鼻子了，还有他的一堵一堵的坚实的白色城墙。她害怕了，恐惧了，艰涩地张开嘴巴，喉咙深处发出兔子一般的嘶鸣——其实兔子轻易不尖叫，除非是因为害怕或者疼痛——问他，我们要去哪里？

汪洋不答，他的沉默比起那根灰绿色的长发，显得异常忠贞。他们继续向前，要开进汪洋里，开进月光下的水塘里，开进没有边际的沉默里。

何必因为工作关系，不得不完成一些应酬，幸好在这座南方城市，人们还算尊重女士，几乎没有强逼着她喝过酒。不过在应酬上没脑子的人像枕头上的尘螨尸体，虽然不一定多，但不一定没有。何必三十出头，漂亮包裹了她的年龄，眼角的皱纹反而增添几分韵致，红唇下的那颗虎牙却牢牢抓住了一双眼睛。那双眼睛的主人是一个设计大佬，也是一个诗人。他说自己不是搞设计的料，为的这个——他一边说，一边几个手指尖挤在一起，快乐地摩擦，做出数钱的姿势，确实是个快乐的动作。他又补充道，我是为诗而生的，诗死了，我也得死，但光写诗是要饿肚子的，饿肚子也会死。我可不是仙女，只饮露水就能饱。对吧，仙女？

他斜觑着何必，眯眼笑起来，边笑边起立，一只手捧着他癞蛤蟆一样硕大的肚皮，一只手举着高脚杯，要何必和他碰杯，说，我敬仙女一杯。何必的虎牙在他眼里，美得惊心动魄。不管是建筑圈还是诗歌圈，想往他床上扑的女人太多了，她们雕琢得过分，晃荡着肥腻的大腿，肥腻的胸，肥腻的屁股。不知道她们高耸的嘴唇和颧骨打的是玻尿酸还是什么酸，反正他的牙一直挺酸。但是，天上掉下来一个何必，美得他过敏，美得他失去叙述的张力。因为她有一颗致命的虎牙，尖锐地刺破喧嚣的空气，原始得如此豪放，天然得如此愤慨，好野，好真，好纯。他的牙不酸了，开始痛了。

何必象征性地和他碰了杯，嘴抿了抿杯口，拒绝紫色的液体滚入喉咙。癞蛤蟆的癞包大得让人难以忽视，何必暂时想不到应对的方案，因为她清楚自己这顿饭的目的是拿下这笔八位数的项目。谁知道天上掉下来只癞蛤蟆，流着紫色的涎水，眼巴巴地凝视着她。有同座的大佬也许想救她，四两拨千斤，把话题引开去，但被癞蛤蟆再千斤拨四两，引了回来。何必算搞明白了，他看上的不是自己的公有属性，是私有属性。其他几位大佬隔着桌子看向何必，有的同情，有的戏谑，有的高兴，有的装瞎，各怀各的胎，各有各的隐晦和狡黠。这顿饭吃得参差。桌子变成了一江春水，不向东流，向汪洋流。

汪洋质问何必为什么要碰癫蛤蟆的杯？现在汪洋觉得自己啃咬完何必，口舌间也生腥了，呕吐物如鲠在喉，差点窒息，危险。

何必大怒，我有得选吗？这是我的工作，我必须专业！最后的感叹号让她觉得自己像车祸后的三角警示牌，主动把自己曝光在案发现场。

汪洋站起身，烦躁地在屋子里踱步，步速越来越快，脚下要生风，专业，专业，又是他妈的专业！你好意思说专业吗？我每个月要还房贷，要养车，还要养你！我的压力有多大，你知道吗？这段时间疫情越来越严峻，我动不动就被派出去流调，还有一堆杂七杂八的工作，有时凌晨就要被叫起来，累得要死，你不是不知道，你现在说这些激我，伤我？

何必抱胸，目光平移到其他方向，没有温度，你又来了。

汪洋暴跳如雷，你又来了！

车子发出急刹声，一声惊雷在空中炸开，发出轰然巨响。何必吓得一哆嗦，蜷缩成一团。汪洋心软了，伸出手来，把她拎进怀里，两只手掌捂住她的耳朵，手很冰。没事的，没事的，放轻松。汪洋说。天上的肥月亮从云层中跳了出来，跳到了汪洋的喉咙和声带里，月光下，他再次变成了温柔的水塘。她仰躺在他的怀里，看着他的睫毛，一根又一根，有秩序地排列着，一根指向刮治器，一根指向高速牙科车针，一根指向丁字形牙挺，一根指向整形镊，一根指向涡轮牙钻机，一根指向银汞合金充填器……一根又一根，在他和她的爱情之间充当逗号，也充当顿号。闪电划破了逗号，也划破了顿号。好像什么都没有变，如果没有那根灰绿色的长发就好了。那根灰绿色的长发变成了句号，死死环住了她的脖子。

在与汪洋又一次痴狂的缠斗里，她歇斯底里，把家里的碗和盘子全砸了，衣帽架也推倒在地，衣服七零八落摊在地上，像一具具尸体。在尸体与尸体之间，她两腿之间一凉，血流淌下来，滴滴答答，滴在她雪白的脚面上。汉代的贾谊在《新书》里说："夫抱火厝之积薪之下，而寝其上，火未及燃，因谓之安，偷安者也。"她偷安了无数回，这一回，她真的躺进了一片绿色的草地，躺在了绿色的手术床上，不同的是，她流了好多血。无辜的孩子就这样变成了肉块和血块，叽里咕噜滚进了绿色的草地，青草萋萋，竖立起小小的，矮矮的墓。她的身体被棕色的碘伏一遍遍地涂写意义不明的符号，她感到羞耻。

她被推进了病房。她虚弱极了，用被子蒙住脸，哀哀恸哭。她不知道花了多久才走到了她的岸边，好在汪洋确实消停了一段时间。也许人为地制造太多稻草后，他意识到覆水难收，终于失去了挽回覆水的勇气。他每天小心翼翼地跑来看她，变着花样给她煲汤，枸杞乳鸽汤，鲫鱼豆腐汤，当归红枣鸡汤，山药排骨汤。包一碗一碗的小馄饨，把七分的瘦肉和三分的肥肉剁成肉馅，和葱末、姜末、盐搅拌均匀，馄饨皮里包入混合好的肉馅，水煮开，依次下锅。她端着这碗漂着虾皮、紫菜和葱花的小馄饨，看着它们每只都跷着小脚小手，感到疼痛异常。开水煮熟了它们，她又想起那些肉块和血块，无法克制地呕吐起来。

汪洋把车停下，没找到纸巾，赶快把自己的衣服脱了，擦拭她身上的呕吐物。他没嫌弃她身上的味道，只是默默摇下车窗一条小缝。

老八跨进出租屋，拧亮灯，翻出了一些疫情期间自己画的佛陀和菩萨。房子不大，角落里有个三合板材质的橱柜，里面放满了荣誉证书和奖杯，有的还是水晶做的，晶莹剔透。他曾经也辉煌过，疫情之前，拿了好几个大奖。疫情过了拐点那会儿，和他同期被开掉的几个兄弟约着出来喝一杯，他们特意选了一家豪华酒楼。老八开始觉得肉疼，但想想又觉得安慰，也许疫情的拐点也是他的拐点。中途喝高兴了，喝得顶住了，老八从包间里出来准备去厕所吐，一转身就撞见了隔壁包间里走出来的何必。男女厕所正好背对着彼此，他来不及走到隔间，就已经在洗手台旁边吐了一通，脑袋和胃一起醒了过来。

镜子里反射出何必的背影，佝偻着腰，像一只疲惫的六牙白象，她的背上没有普贤菩萨，只有瘦得突出来的两块蝴蝶骨。她没有发出呕吐的声音，拧开水龙头，不停地往脸上拍打清水。她从洗手间走了出来，与老八短暂地四目相对，就转身回到了包间。水珠挂在她盈盈一张小脸上，像挂在一小块和田白玉上。她的虎牙从嘴角若有若无地冒出来，尖尖的，一副猫咪的顽皮习气，和田白玉上冒出了桂花皮和乌鸦皮。她湿漉漉的脸让他想起了五百罗汉里的羼提波梨。很久之前，印度波罗捺国的迦梨王对仙人羼提波梨施尽酷刑。锋利的刀斧落下，仙人的手脚被生生斩断，耳鼻亦被残忍割去。令人惊异的是，伤口处并未涌出鲜血，反倒汩汩流淌着甘甜如蜜的乳汁。即便承受如此剧痛，羼提波梨的面容依旧平静如止水，眉宇间不见半分怨怼，唯有悲悯的柔光静静流淌。这份超乎常人的忍辱之心，最终彻底感化了暴戾的迦梨王，让他在震撼中幡然醒悟。

包间门没关好，关上了又弹开了，何必太匆忙了。老八从门缝里看见她端坐在座位上，披上了一件针织开衫，像是羼提尊者披上了挂络，不同的是她右手执的不是幡，是筷子，麻利地夹着菜，左手结的不是印，是一杯明晃晃的红酒。九黎乱德，民神杂糅，不可方物。

何必一上他的车，他就认出了她。但何必很明显没有认出他。

老八一张一张地看完曾经的手稿，有些困了，从桌子上摸过来一把起子，打开冰箱，拖出来一瓶啤酒，用起子起开，灌进嘴里。啤酒非常急地冲进胃里，积攒了一大团一大团的气体，最后一股脑喷涌而出，化成一个响亮的嗝。这个嗝把他的眼泪也带了出来。他抬头看向橱柜里的荣誉证书和奖杯，思绪也像一大团一大团的酒气，顶得他满脑子翻山倒海。

公司的效益每况愈下，第二年，老八也没逃过裁员潮。他唯一庆幸的是自己没有房贷，没有车贷，没有老婆和孩子，在这个偌大的城市，他像一座风化的孤堡。因为什么都没有，所以被裁的时候，他的痛苦没有那么渗入肌理，伤筋动骨。老八另一个同事就不一样了，家里的父亲在医院里插着管子，听说鼻子里一根，嘴巴里一根，肠子里一根，手背上一根，现在他被裁了，这些管子也要被一根一根拔掉，他承受不起，试图在报纸上留下他抗议的文字痕迹，当然意料之中地碰了一鼻子灰。于是他选择从三十层的阳台坠下，水泥地板没有再让他碰一鼻子灰，他像一个熟透了的西红柿不小心从桌子上掉到了厨房的地板上，鲜红的汁液溅起，他成功留下了自己最后的抗议痕迹。这回不仅是报纸，所有媒体都因为这颗熟透了的西红柿纷纷软着陆，态度恳切，语言婉转，他变成了流量现象，时代烙印的轻骑兵，他就这样火了，脑袋上顶着一个巨大的豁口，他老婆和老母的心里从此也顶着一个巨大的豁口。

老八不想坐以待毙，他咬咬牙，干脆开起了网约车。虽然今天这里封控，明天那里封控，但网约车还活着。他一开始也抑郁，自己画图纸的手，怎么就去给别人转方向盘了？他怕死，被新闻吓得要命，戴着 3M 防护口罩，外面再裹上一层医用外科口罩，摇下四个窗户通风。后座上来一个五十来岁的女人，烫着小卷发，一看就是菜市场里买个鱼头还要搭上两棵葱的主。她一上来就不停地咳嗽，皱着眉头，捂着额头说自己头风犯了，不能吹风，老八把后面两个窗户关上，听着她咳嗽像听着指甲抠黑板，闹心。

女人说，师傅，前面两个窗户也关上。老八不干了，说，现在是高峰期，怎么能都关上？女人说，没事，我前段时间和我老公都阳过，我们小区也跟着封了大半个月呢。老八大惊，那你现在好了啊，你就出来了？女人边咳嗽边大刺刺地说，放心吧，没事。她喉咙里像住了一只唢呐。老八把鼻梁上的口罩封条捏紧，不吭声。女人反而恼了，说，跟你说话呢，怎么不理人？老八说，我没阳过，我不想死。女人的小卷发跟着弹起来，在空中直晃，说，哎哟，你可真行，你一个跑车的还这么多怕的？老八提高了嗓门，我跑车是为了赚钱，又不是为了服务你！没过两小时，他就接到了平台的客服处理电话，说是女人投诉他服务态度不端，人身攻击，平台最后通知老八，他已被列入了重点监管名单，劝他以后谨言慎行。他苦笑，挂了电话。

晚上吃不下饭，他干脆把台灯拧亮，翻看那些梦里的建筑，音箱里放着禅乐，人才静了下来。他不知道自己什么时候能回到庙里。他的房间四个角落放了四张纸，每张纸上都写了四方雷电王之名，分别是东方王阿揭多，南方王设羝噜，西方王主多光，北方王苏多末尼。据说这样做可以规避一切雷电带来的灾厄。老八印象很深，他打开电视看到疫情新闻那天，市里下了一场雷雨，雨不大，但下得人格外心慌。电光时不时哆嗦一下，对面小区住的都是附近一家大厂的程序员，加班是家常便饭，他那天恰好休息，有幸在晚高峰目睹楼下的老人们抱起小孩，推着婴儿车、学步车、带两个小轮子的儿童单车就往家里跑，很热闹的样子。有个老头从菜市场回来，匆忙中，他提的塑料袋掉出了一块排骨，孤零零躺在小区的彩砖上，有种喜庆的寂寞。

他跑网约车，不过干了一年多，突然就全员放开了，他终于不用再和乘客因为"二十四小时阴性"或是"四十八小时阴性"吵吵了。他后来也阳过一次，没敢跟父母说，自己在自己的出租屋里捂了三床土棉被。棉花是母亲一层层铺上去的，一针一线缝好，最后拍蓬松。他盖着三床土棉被，像紧紧搂住母亲三次。他迷糊着，灌了一大杯小柴胡下去，又吃了一粒布洛芬，就睡了。他莫名其妙梦到了羼提波梨的虎牙，在雷雨中呼啸而过，梦的碎影，裹挟着湿漉漉的酒气，雨气，汗气。他醒来才发现三床土棉被湿了一床半，发出难闻的潮臭味，被子里都是黄色的汗渍，但病总算好了。

老八喝完啤酒，清醒了不少，决定给何必打个电话。手指放在拨电话的那个按钮上许久，还是没有放下去。他把页面一推，转换到微信的界面，试着发送了微信好友申请，对方很快通过了。他把自己的作品推了十几张过去。何必回复，周末在城郊的庙里见一面吧。老八说了，城郊的庙，有一部分是他设计的。她想跟着他一道去看看。

汪洋把车停好，在何必的头顶撑开一把黑色大伞。雨势越来越狂，明明时间还早，却像打翻了碳素墨水，又黑又蓝，电光撕裂了碳素墨水，黑与蓝里有了惨白，有了惨银，有了惨黄。

何必担心这个天气，心想也许老八已经回去了。她拿出手机，刚想给他打电话，却看见庙门口站着老八。何必松了口气，朝老八挥手笑笑，不好意思，来太晚了，天气不好，路况太差。老八也笑了，手插在口袋里，走过来，没事的，何总，现在时间还好，我带你去看我设计的部分吧，您看如何？何必点点头，拉上汪洋，跟着老八。两个男人都有点害羞，没打招呼，也没搭话，三个人沉默地向庙的深处走去。

城郊这座庙，奢侈地辟了城市一隅的地，建在山水之间。整座寺庙呈现主轴方阵式布局，以一条明显的中轴线为中心，山门、天王殿、大雄宝殿、藏经阁等主要建筑依次排列，庄重，宏大。山门采用重檐歇山顶的形式，屋顶覆盖着琉璃瓦，匾额高垂。

何必抬头，山门两侧，站着哼哈二将的塑像，怒目圆睁，手持法器。哼将郑伦身披铠甲，手持一柄巨大的钢叉，钢叉之上，寒光闪烁。哼将的嘴角微微下撇，发出低沉有力的"哼"声，震慑邪恶，警示众生，提醒纯净正直。哈将陈奇面带微笑，洞察善良。哈将同样身着铠甲，手中却握着一柄金光闪闪的宝锤，宝锤之上，光芒流转，温柔慈悲。他的嘴角微微上扬，发出爽朗亲切的"哈"声，驱散阴霾，带来希望。

马拉之死

汪洋的手机屏幕突然亮了，几条未读消息弹了出来。他坐直，抓起手机匆匆扫了一眼，来自何必。和她在一起之前，觉得她是搞设计的，按理应该很忙，她漂亮，清冷，性感，怎么看怎么好，结果真的在一起了，才发现她很多时候真的闲出毛病。何必有时那股劲上来了，一整天都在给他打电话，发信息，不管他是在补牙，还是拔牙，还是做一些琐碎的清理和处理，她默认他必须回应她的情绪需求。他渐渐有些恼怒，不是因为她密不透风的追击，而是因为她不专业。和他谈恋爱之后，她已经很久没有好的建筑设计作品产出了。他虽然是外行，但知道何必是业内的鬼才，一些前辈很器重她。但何必在拿自己的前途开玩笑。他们有一次大吵，在汪洋眼里其实没有必要，只是他做一个比较困难的根管，时间久了一点，没有及时回何必的消息。当他们终于筋疲力尽地和好，何必也错过了和前辈的饭局。他看着她一条长腿挂在高高的枕头上，懒懒地给前辈发微信说，自己生病了不舒服，今天去不了了，非常抱歉。他的瞳孔变深了，说不清的东西在里面涌动。她重新扑到他身上，骑跨在他身上，疯狂地植树，种树，砍树。他却开始走神，把头扭到了一边。她的胸怎么这么小？他不忍看，觉得自己在噬咬一个还未发育的小孩。她不年轻了，依然常常像金丝猴一样，穿着睡衣，浮肿着脸，倒挂在他的脖子上。脑袋上顶着洗脸用的束发带，有两个小兔子。她看上去还是小孩，眼神也像小孩，透明得像玻璃。

疫情进入高峰后，何必的工作彻底停摆了，全靠汪洋养着。在家里闷久了，何必逐渐和社会脱节，情绪和精神状态变化得越发激烈，但汪洋还是要继续去医院上班，工作越来越忙，越来越无暇顾及何必。除了门诊，他开始被时代的浪潮裹挟，忙于院内疫情防控，外出核酸采集等服务，晚上累得回到家倒头就睡，有时一个电话，凌晨也会被叫起来。但不同于同事们的另一半鼎力支持的态度，何必完全做不到这些，汪洋也不知道怎么和朋友们提起何必。疫情的迷雾里，一米八的汪洋拖拽着一米六的何必，只觉她越来越沉重。金色罗汉早已失去金身。

何必好不容易等到了一个应酬的机会。汪洋松了一口气，开车送她到酒楼底下，他便马不停蹄去到医院，继续常规工作。中途他发消息给她，问她项目聊得如何，她没有回复。晚上难得在十点前到了家，他把买好的速冻水饺和糯米鸡放在餐桌上，打开灯，发现何必呆呆地坐在沙发里。他叫她，问她怎么坐在那里，今天的应酬还顺利吗？何必坐在那里不动，比雷德尊者还坐得坚决。他走过去，坐到她身边，才发现她满脸泪痕。

他听她说完，心里的愤怒在膨胀，没忍住，说，为什么要和他碰杯？何必也大怒，反问他，我有得选吗？这是我的工作，我必须专业！不然你一直养我吗？汪洋站起身，烦躁地在屋子里踱步，步速越来越快，脚下要生风，说，难道现在不是我在养你吗？专业，专业，又他妈的是专业！你好意思说专业吗？我每个月要还房贷，要养车！这段时间疫情越来越严峻，我动不动就被派出去流调，还有一堆杂七杂八的工作，有时凌晨就要被叫起来，累得要死，你不是不知道，你现在说这些激我，伤我？

何必抱胸，目光平移到其他方向，没有温度，你又来了。

汪洋暴跳如雷，你又来了！

他们的争吵越来越频繁。疫情什么时候才会结束，没有人知道。达摩克利斯之剑悬在空中，不知道什么时候，就会坠下。何必会在某一次话轮的留白里突然爆发，完全无法收场，大喊大叫，语言的逻辑稀碎得像厨房水槽里腐烂的菜叶。何必的情绪常常崩塌得毫无预兆，一哭起来，质量再好的睫毛膏也要花成一团乌云。他渐渐不认识她了，也不认识自己了。他提出了分手，但没成功。何必哭得满脸眼泪鼻涕，双眼皮肿得像两条透明的蚕，卧在上面。何必说，我也控制不了我自己，我也不想的。他看着那两条蚕，动了恻隐之心。面对何必，他总是产生一种病态的救赎欲。

汪洋读书的时候，选修过心理学系的课，课上提到精神动力学上有个概念叫作"客体恒常性"，意思是大多数人在儿童时期可以获得一种认知能力，明白就算在某些情况下客体无法被看见、触摸或者感知到，这个客体也依然是存在的。如果这种能力健康地发展了出来，人与客体之间就能保持一种稳定的恒常性。他和她曾经一起翻看过她儿时的照片，她被大人抱进齐成人膝盖深的雪地，她瞬间陷了进去，脚下的雪发出吱嘎的脆响，影像留存了她大得像葡萄珠一般的眼睛，惊恐流溢。

她倒在枕头上，眼泪从眼尾流向发际，鼻梁和山根隔开了窗外的雷声，电光，也隔开了他。她诉说她如何在雷电交加的夜晚，被强制从母亲的怀里抱进祖父的怀里，像活剐母亲的肉，一种古老的刑罚，鲜血淋漓，母亲发出号叫，不受控制。记忆细胞涌动起远古的兽类目睹同类被宰杀时的号叫，小小的她也战栗了，裤子脚流淌下一摊水。

在绿皮火车上，祖父端着掉了几块漆的搪瓷缸接开水，泡方便面，她将食指塞进嘴里，眼馋推车上的八宝粥和无花果干。祖父把她的手指拽出来，狠狠打了一下，说，不买，你爹妈没给我一分钱，没钱买。她愣住了，看看自己的手背，三个指头印，红红的，暗暗从皮肤表面隆起。只有三个指头印是因为她的手小，小小的手背装不下祖父宽大的手掌，最多装得下三根手指头。她的皮肤后来一直敏感，只要抓挠得稍微用点力气，或者拍打得稍微用点力气，就会立刻显现出痕迹。

汪洋想起刚认识的时候，她朋友圈里那鼓着腮帮子的委屈样子，心里一阵一阵绞着痛，真真切切的痛。给她拔牙的时候，往她的上腭推麻药，她大约是疼痛敏感体质，痛得眼泪汪汪，像小孩，嘴角的虎牙露出来，活脱脱一只呜呜咽咽的乳虎。他的心不自觉地跳得很快。没想到自己一分心，伤口没处理好，何必得了干槽症，肿着腮帮子回来找他。他心里三分之一是担忧，三分之一是自责，三分之一是欣喜。当然，最后的三分之一，他克制得很好，白色的城墙掩藏在口罩之下。何必穿着绿色的裤子，乖乖地躺在牙椅上，眼巴巴地看着他。他忍不住戏谑她好像躺进了一片绿色草地。

他们一开始加的是工作微信。他刷朋友圈的时候，注意到她那条"反求诸己"，简直哭笑不得，于是主动跑去关心她。一来二去的，他们渐渐熟络，直到非常自然地做了情侣。他像摔断了笔芯的钝铅笔，沉陷在爱情的荒谬里，丝毫没有觉察身后的流沙追赶而至，一小口一小口侵吞着他的脚踝、小腿、膝盖、大腿、腹部、胸口。他觉得憋闷了，喘不上气了，性命攸关了。何必这回没有穿着绿色裤子，却真真正正躺进了绿色的草地。他在手术室外，看着红色的灯牌，手指痛苦地插进了头发，露出一茬一茬雪白的头皮。何必怀了他的孩子，却没有跟他说，他眼睁睁看着孩子变成了肉块和血块，叽叽咕咕地滚进了草地。

　　他之后再面对何必，总觉得有愧。他在何必身上，总是看到母亲。十岁那年，父亲出轨，父母离婚，母亲患上了重度抑郁症和焦虑症，必须长期服药，不吃药的话，就会躲进衣柜，在衣柜里化成原始野兽。他小小年纪就痛恨捉迷藏的游戏，因为他怕透了那种寻找的感觉，他害怕寻找母亲，也害怕找到母亲。最后往往是他成功找到母亲，母亲抱着他哭，每次都哭成小孩，说自己很想死。他浑身发抖，母亲也浑身发抖，两个人一起同频共振。他强打起精神安慰母亲，抱紧母亲，生怕自己小小的手掌一脱离母亲的身体，母亲就会飞走，飞高，飞远，直到再也看不见了。高二的时候，他被一个电话紧急叫回家，母亲趁着家里人都不在，偷偷拧开了煤气，关紧了门窗，在黑暗中躺下。他就此一直活在自责里，觉得是自己没有抱紧母亲，才让她真的飞走，飞高，飞远，直到再也看不见了。

何必这样美，和母亲那样美，她们都爱穿黑色旗袍，涂正红色口红，美得像黑鹳。他不想何必也飞走。他其实很痛苦，很多次想离开，但离不开。何必的瞳孔里有母亲的影子，尤其是她拽着他，哀求不要离开她的时候。

早上出门前，何必又和汪洋吵了一架，原因很简单。汪洋在会议的茶歇间隙接了她的电话，手捂着话筒，用气声说，别这样。这三个字几乎将何必击碎。她疯狂地打电话发消息给他，轰炸他，一串接着一串，密集的泡沫包裹住了汪洋。汪洋给她发了消息，说，分手吧。我受够了，这周周内，把东西搬出去。

汪洋把手机反扣回桌面，重新躺进椅子。他再也不愿接她的电话，更再也不想回复她的信息。受够了。汪洋再也不想耗损自己的心力去承接她一次又一次的情绪洪流。

天王殿是寺庙的第二进院落，建筑形式和山门相似，但规模更大，气势更宏伟。禅钟被雷声穿透，电光照亮天王殿的重檐歇山顶，屋脊上的脊兽和吻兽，微微带笑。老八和何必聊了一路，都累了。老八顺势跪在身长九尺三寸的弥勒佛前，佛的慈相充满喜乐，身穿大肚宽衣，腰系玉带，腮边高卷，双眼炯炯，鼻孔朝天，袒腹露左胁。老八脑袋抵住了功德箱，背脊像一把虾弓梁。何必也跪下来，跪在他身侧。二人一起，箭在弦上，蓄势待发。礼佛？还是拜忏？只有他们自己知道。

老八和何必分别把脸埋进拜垫。地板是青石铺设的，好冷，寒意连拜垫都隔不住。老八把十根指头平铺在拜垫上，这十根手指头，修长，柔软，活力，白瓷一般秀美，不像男人的手，像菩萨的手，握住过电容笔，圆形画笔，榛形画笔，平头笔，马克笔，针管笔，HB铅笔，2B铅笔，也握住过网约出租车，网约快车，网约专车，顺风车的方向盘。何必把十根指头平铺在拜垫上，额头压了上去，十根指头雕刻在她的额头之上，一根，两根，三根，四根，五根，六根，七根，八根，九根，十根，齐了。二十根手指头，手背向下，叩问大地。

穿过山门和天王殿，便是罗汉堂。入口处立着孔雀明王，身呈一面四臂之相。四条手臂各持一物：左手托着净白莲花，右手握着殷红俱缘果，左肘挽着橙黄吉祥果，右肘悬着翠蓝孔雀尾。明王足踏金色孔雀王，神鸟羽翼流光溢彩，尾屏如缀满金斑的锦缎铺展。这四件法器各有深意：莲花含苞时低垂如礼，象征敬爱之心；俱缘果肌理凹凸似有锋芒，暗合调伏之功；吉祥果圆润饱满坠着晨露，寓意增益之效；孔雀尾羽上的眼斑层层叠叠，藏着息灾的愿力。四臂环绕间，仿佛能看见明王以四物护持众生的慈悲相。左以迦叶领头，右以阿难领衔。老八带着何必和汪洋，穿行在这些剃发出家的比丘塑像前，最后停留在雷德尊者前。只见尊者面容饱满，满月般圆润，耳垂长及肩头，盛开两朵莲花，双目如炬，洞察世间一切真相。他高大得像一座山。金色袈裟就像山上流动的金色河流，何必任由自己流淌进金色河流，双手合十，在山前默念，请原谅我。雷德尊者的双手笼袖托法器，那法器如同闪电般闪耀，蕴含着强大的神力，能够制止一切因雷霆所引起的灾难。何必和尊者对视，他的眼神炯炯，深邃，平静，虚妄和真实，都尽数做泡影观了。万物皆法，法住法位，自在无碍。

雨越来越大，天快黑透了。何必说，今天先看到这里吧？时间不早了。她挽紧了身旁汪洋的胳膊，他被雨雾包裹，好冷，和庙里的青石地板一样。

老八没挽留，说，行，那今天就先到这里，我送送您吧？

何必说，不用，你先走，回去等消息就是，最近我们所正好有个寺庙项目。雨越来越大了，等会儿路更不好走了。

老八笑起来，满嘴槟榔气味，有劳您费心了。

何必换了一身蕾丝睡衣，做了一桌子菜，开了一瓶好酒，在家里等着汪洋。一进门，汪洋很意外，冷着脸问，你这是什么意思？何必说，分手了，也要吃个散伙饭吧。就吃最后这顿饭吧。

汪洋看着灯光下，何必春光晃荡，只觉得潮汐在体内涌动，他几乎要趴在菜里，火熊熊燃着他，烧着他，他沸腾了，浑身难耐。他的职业本能让他感觉不对劲，汪洋问何必，你是不是下药了？何必一声轻笑，开什么玩笑？我会做这种事吗？只能说明，你还爱我。

汪洋感到自己的意识飘在云端，他努力克制着，最后，还是无法忍受，一把拎起何必，往卧室的方向带，像带一个足球，带到球门前，要射门了，轻巧巧地把足球摁在床上，亲她的脖子，呼吸很急促，毛茸茸的。

何必在他耳边，轻轻问，你身边有人染灰绿色的头发吗？汪洋脑子混沌，反应不过来，只是把何必的睡裙掀开去，把脸埋进去噬咬，白色城墙赤裸裸的，打着颤。汪洋的汗涌得像泉眼，一股一股，都涌到了何必身上。何必在间隙问汪洋，说话，有没有。汪洋不答。何必最后又问，你爱我吗？汪洋的手没停，向柔软的滩涂游弋而去。何必看着天花板，感受着他渐渐松弛下去，和滩涂一起融化。酒里的药起了作用。

何必起身，看着溺在被子里的汪洋，使出浑身力气把他扶正。沉睡的人真的好重，因为没有意识，肌肉和骨头像秤砣一般向下坠。何必把他的胳膊和腿摆成达·芬奇画的那幅完美人体，用准备好的绳子捆绑固定在床头和床尾。眼睛用眼罩蒙住，嘴上也贴了胶布。何必开始用力，看着绳子里的祖父手臂上青筋暴起。汪洋在稀薄的空气里挣扎，全身变得通红，像一只熟虾，再慢慢变成紫色霓虹，蓝色天空，黑色泥土，最后变回绿色草地。他蒙着眼睛，但依然能感受到衣柜里的母亲在看着他，这么多年来，他一直看不清母亲的脸，现在，空白的脸有了生动的五官。他对母亲说，我不欠你了。绳子里的祖父不再动弹，像一场狠厉的交响乐，骤然停下。

何必摇摇晃晃进了浴室，开始洗澡。乳房上还留着痂子的温度，嘴唇上还留着白色城墙的温度，但她已经惹了一身腥。她从浴室中走出，走出一面白色的帘，走进另一面白色的帘，绳子里的汪洋还躺在那里，浑身青肿。她从背后抱住他，听着他发出熟睡的鼾声。

晨光从窗帘后透出，照在汪洋和何必身上。她拉起汪洋的手，像往常一样叫他起床。他的手好冷，不知道是不是被子没盖好，冻着了，但眉眼依然温柔得像月光下的水塘。他亲亲何必的额头，起身去给她做早餐，他喊她快点收拾一下，等会儿一起去庙里上香。何必对着镜子，开始化妆，脸色白得像锅里煮沸的牛奶。汪洋从身后环住她，给她戴上了一枚朱砂佛像，上面阳刻着雷德尊者。汪洋说，这是我上次从庙里请的，保你平安。朱砂性温，可以活血，安神，镇心。何必摸着佛像，感受到它绵长的叹息，往自己的后颈喷了一层厚厚的香水，说，谢谢你。

这个雨夜真稀奇，没有月亮，却依然有荧荧的凄惶的光线，照在五百罗汉的脸上。罗汉堂格外寂静。何必用气声问汪洋，咱们要去哪里？汪洋没接腔，拉住何必的手，边走边数，一、二、三、四……罗汉堂里罗汉的排布有自己的规律，何必不知道汪洋想要带她找哪尊罗汉。黑暗中，罗汉的金身影影绰绰，他们再一拐弯，就拐到了这一排罗汉的背面，它们结结实实地把来自殿外的一点稀薄的光源都挡严实了。

罗汉的背面，是罗汉堂的后门，后门正对着松树林。老八就站在罗汉堂门口的松树林里，和何必打了照面。老八看着何必，张了张嘴，半晌没动。她迟到了两个小时，电话关机，联系不上，老八本来以为何必今天根本就不来了，于是自己在庙里逛了一圈，结果在罗汉堂前，和何必意外相遇。

何必看向老八的视线，视线的尽头是汪洋，或者说，是昏过去的汪洋，湿淋淋的汪洋。他下半身在坑里，脑袋和背的一半露在坑外，以仰躺的姿势，倚在坑里。何必觉得他好像那幅名画《马拉之死》，胳膊松散地挂在坑边，雨水打在他的脸上，显得他的鼻子更高，神鬼的刀工，嘴巴薄薄的，红红的，啼血的杜鹃花。这两瓣啼血的杜鹃花现在终于消停了。它们曾经摇晃着自己的肩膀说，你清醒一点，何必。

她看着汪洋的眼神，温柔得像月光下的水塘。现场一片匆忙的痕迹，下了雨，土很湿很软，很好挖，但她挖坑时还是费了不少劲。因为湿土不过浮于表面，再深一点，土又硬了，又干了。她本想把汪洋挪进她挖的坑里，不过汪洋太重了，她刚拖进去一半，结果老八来了。

老八轻声问何必，你还好吗？

何必惨白地，奇诡地笑笑，没想到，这么不凑巧，被你发现了。你报警吧。

雷雨越下越大，这是今年最大的一场雨，夹着雷，夹着电，雨滴大得像蚕豆，噼里啪啦地砸在伞面上，这声音听着很痛。

老八低头看着留在松树下的那个浅浅的坑，困难地吞咽着口水。草皮被翻搅起来，草籽和泥土屑飞溅在空气里。何必不知道从哪里找来了一把园艺铲，被她随意丢在了一边。

坑里什么都没有。

隔江相望

一

　　自然与都市互相撕裂，东部的海永远在燃烧，大梅沙的浪花裹挟着白色泡沫撞击礁石，海风穿过一半浸泡在海水里，一半被混凝土固定的红树林，直到潮水退去。西部的楼群在黄昏中亮起一盏盏永不熄灭的灯，深南大道如同一条流淌着光污染的粗壮血管，将密密匝匝的人群从地铁、公交车、轿车中输送进筒子楼、复式公寓、精装小区。梧桐山的雾气在夜晚沉降，裹住平安大厦的尖顶，让这座地标化作一根刺入虚空的坚硬的针。深圳湾的候鸟早已学会娴熟地掠过科技园的大楼，却再难辨认出自然迁徙的轨迹。这座城市匍匐在海岸线上，像一只半机械化的庞然活物，用钢筋铁骨支撑和吞吐着人群的欲望与溃败。

无数个他和她在镜面中重叠，穿西装的精英，赤脚流浪的拾荒者，在城中村巷道追逐的孩童，土著、移民、打工者、异乡客，每一块玻璃都是记忆的碎片，折射出被割裂的自我。暴雨天，地铁的扶梯成了时空隧道，广告屏上的虚拟偶像的声音与站台下接打电话的人们的碎语同时涌入耳膜，电流般的眩晕感让现实与幻觉的界限模糊。

簕杜鹃在立冬也大剌剌绽放，这座城市没有季节。

仇莉最近经常产生一种模模糊糊的奇怪感觉。她躺在床上，躺在白色的被褥和蓝色的来苏水里，睡成一株植物，外婆一直在唤她醒来。

她于是担心，如果有一天，她真的"醒"了过来，发现眼前的一切都是一场梦，该怎么办呢？

我们在天上的父 愿人都尊你的名为圣

愿你的国降临

愿你的旨意行在地上

如同行在天上

……

她抬起头，惊觉一个女孩正坐在她身边的台阶上，轻轻念着祷告词。是乔路，她最好的朋友。仇莉有多年的偏头痛，每每发作之后，记忆便很难形成连贯的线。这让她想起来，小时候，音乐老师在黑板上画五线谱前，一定先画几条直线，有一次，她好奇地凑近去看那些直线，发现它们其实都并不连贯，只是断断续续的点凑在一块罢了。她已经不记得她们什么时候坐在了学校的天台上，也许是又一次急性发病时，被乔路发现，带她上了天台的背风面晒太阳吧。她这病古怪异常，发作时极其剧烈，若按十分计，在仇莉的尺子上能达九至十分，且发作时只有两种特效药物能缓解疼痛，一种是日本的"EVE"，一种是"曲普坦"。她不愿意总是吃药，后来发现晒太阳也有奇效，于是便转而求助自然的神力。此刻她把脑袋埋在膝盖和臂弯之间的空隙，微微偏转眼睛，能够看见乔路的帆布鞋，轻微撇成外八，"吧嗒吧嗒"地打着节拍，手自然地垂落在两腿之间，手指纤长，干净，像一节节洗去泥土的小葱白，没有什么血色。

"好一些了吗？"

仇莉抬起头，对上了女孩关切的目光。她没有说话，点点头。

"徐老师说，今年可能要举办一个全省的钢琴大赛，他看中了我和你，想让我们到时候表演一曲四手联弹。"

乔路首先点了储望华的名字："我想选他的那首《隔江

相望》。曲子不难，你肯定也擅长，我们可以先好好琢磨琢磨它的音乐语言和表现手法，你觉得好不好？"乔路的祖籍是江南的，咬字惯于轻软，比如咬到"手法"两字，气干脆就不发足了，任它流泻，凉凉的，包缠着仇莉的后颈窝。

乔路还在慢条斯理地说着自己的想法，但仇莉已经没有在听了。她的心脏上伸出了几只小手，小手长着锐利的指甲，又反向朝着心脏抓挠而去，发出"吱吱咕咕"的刺耳声响。仇莉不得不捂住胸口，露出紧张的神色，生怕乔路听见自己器官间的异动。

乔路停了一停："你怎么了？脸色这样难看？"

"没事。我知道了。要不今天先到这里？"

仇莉抬腕，轻轻呼出一口气，钢琴乐曲开始在琴房的空间内流淌，音符与音符之间手拉着手，转着圈圈跳舞，像江面上穿梭着的游船，在静滞中划开时而锋利时而圆润的气浪。只是游船还会停泊，音符却永不知疲劳。这首曲子是储望华创作的六首前奏曲之一，以 A、G、F、D 四个音为核心材料，构成五声性四音列下行旋律运动。

恐怕没有人比她更熟悉这首曲子。手指在黑白琴键间上下翻飞，发出曼妙的声响，两肋间淌出汗，濡湿了腋下的衣服和耳畔的头发。为什么？为什么乔路明明知道《隔江相望》是她从来都没有愈合的伤口，还要残忍地举起透明的刀？为什么要和她平分织女？织女只能有一个！无名的怒意像伸开翅膀的鸟，贯穿了她的胸口，也贯穿了她指尖的音乐。每每与牛郎隔江相望，她总会越弹越出离，越弹越忘我，越弹越狰狞，大汗淋漓，气喘吁吁，仿佛钢琴是她的仇人，而她誓要将它撕得粉碎。

这个地方，乐汇前的强拍位置有一个十六分的休止符，为的是打破旋律正常的强弱规律，在音乐的流荡中留出间隙；这个地方，手应该尽最大可能贴近键盘，用滚动手臂手腕的方式去触摸琴键，模仿水的音色；这个地方，缔造的是令人唏嘘的命运感……对，命运感，命运感！技巧的把捉容易，命运的把捉谈何容易？人在命运面前，不过沧海一粒粟！当命运之光柱将你戏弄，你慌不择路，跌跌撞撞地疾奔在泥泞中，铁路上，河道里，车流间，它只是不紧不慢地追逐，志在必得地跟随，因为它随时可以在下一个路口折断成两个"一"，化身两把尚方宝剑，将你倾轧成滂沱大雨中的齑粉，你将毫无还手之力。

曾经她因非凡的音乐禀赋而年少成名，数年前，深圳的网媒还不发达，铺天盖地的纸媒头条都是她的名字。她的成名作就是储望华的这首《隔江相望》。也因为《隔江相望》取材自古诗十九首之一的《迢迢牵牛星》，当年，人们还给她起了个"小织女"的雅号。然而此后数年，仇莉却从人们的视野中逐渐淡出了，不少人慨叹她"泯然众人矣"，甚至背地里揶揄她是"仇仲永"，能拿得出手的代表作，永远只有一首《隔江相望》。可是真相是她与古怪的偏头痛缠斗了数年，发作时剧烈难忍的疼痛如虬结的藤蔓，一直攀爬至头颅、后颈、耳后，使她无法集中注意力，更无心掀开琴盖。为了治病，她和家人遍访名医，踏破了各家医院的门槛，而彼时的人们，只顾着嘲笑她才华的亡佚，她信念和精神的颠沛流离。那时，她第一次明白，人在苦难面前是缺乏想象力的，甚至沉默已然是最大的仁慈。人们还是客气地叫她"小织女"，而当她反应过来的时候，琴坛内已没有她的落脚之处。更年轻，更有才的钢琴家像新长出的小麦，一茬又一茬，比她高，比她茂盛，比她更黄澄澄。偶尔一次邀请她去做节目，媒体采访前，对她说得更多的是，"麻烦让一让！"因为真正的采访对象往往不是她。偶尔一次媒体报道上有她的名字，也要费劲寻找很久，才能在浩如烟海的文字边缘看见小小的"仇莉"两个字。她就那样永远陷落在少年时期的那个舞台上，她活成了一个词语，一台暗哑的钢琴，被柔软的水藻卷入江底，再也无法抵达江的对岸。

二

　　参赛曲目最后由徐老师拍板，定的就是乔路提出的《隔江相望》。徐老师说，今晚，我们和几个领导吃顿饭，他们几乎都和大赛沾点儿关系。拿下这顿饭，就基本拿下了比赛。

　　观光电梯一路轰鸣着向上，仇莉抬起头，看见屏幕上的数字在跳跃。数字是温和的蓝色，不是常见的刺眼的红色。餐厅就在这栋大厦的顶层。这栋大厦很高，电梯在加速运行，很快，仇莉的耳朵开始嗡嗡作响。一旁的乔路和徐老师看出她不太舒服，示意她张开嘴巴，减轻压力，她笑着摆摆手。

　　电梯门终于打开了，向黑暗中吐出三个人。之所以说是"黑暗中"，因为通往餐厅的路必经一条黑黝黝的走廊。仇莉在灯光明亮的电梯里待久了，猛地堕入黑暗，一时不太适应。

　　学音乐的女孩子，走到哪里气质都是出众的。这一点，仇莉从小就清楚，从镜子里能映出，从众人的眼睛里也能映出。她和乔路一上桌，她们便像吸铁石一般，吸引了一堆铁屑一般的眼神，眼神的内容各不一样。

　　徐老师看向她，指关节敲敲桌子。她聪明，明白这是暗示她敬酒的意思。她便直愣愣地站起身，端起杯子，对着几个领导说，"我敬您一杯"！然后一仰脖子干了，就再无漂亮话可以说了。她跌坐下来。她其实准备了满肚子的话，现在都被满肚子的酒压了回来。徐老师摇摇头，皱着眉笑笑，眼角的鱼尾纹荡漾起来，能盛一小口葡萄酒。徐老师不年轻了，但是很会保养，或者是时间对他太偏心，几乎没有留下太多痕迹。不过徐老师一直没有小孩，甚至没有成家。有人传说他会不会是同性恋，可是仇莉感觉不像，徐老师能分辨出音乐中的男女，他爱的是女人。

轮到乔路了。她也站了起来，不过不是站在原地，而是离开席位，走到每个领导身边，微微弯下身子，递出酒杯，显出恭谨的态度。今天，她穿着一身修身的鹅黄色小西装，耳边垂着两串珍珠耳环，肤白如雪，笑起来右边的唇角绽开一小朵梨涡。她的敬酒话说得花样翻新，声音又是那样轻软动听，像唱歌一样，她对每个人都尽量说得不太一样，但每个人听着都觉得心里爽快，这入肠的毒药竟也能心甘情愿地喝下去。敬到最后一位领导时，这位领导恰好坐在仇莉身边。乔路端着杯，小脸红扑扑的，迈着小巧的碎步过来，满面春风："林总！"经过仇莉身边时，带过一阵香氛。仇莉闻出来了，是"罗意威"的"事后清晨"。

这位林总被这么一哄、一熏，酒倒进了鼻孔里，又流到了价格不菲的衬衣领子上。仇莉赶快从包里拿出一包纸巾，却被乔路一把接过，抽出两张，塞到林总的手上。林总笑了，肥大的圆脸上眼睛眯缝起来："小姑娘很有心啊！"他一边说着，一边却看向乔路，因为他没看到纸巾是仇莉给的。乔路顺坡下驴，一歪头，甜甜一笑："谢谢林总夸奖！"

仇莉的心脏第二次伸出了细细密密的小手，招摇作舞，反复抓挠。酒桌上的人们嘴巴一开一合，聊元宇宙，聊区块链，聊奥密克戎的最新动态。发出金色话语，银色话语，铜色话语的嘴唇形状各异，有的大，有的小，有的宽厚，有的单薄，有的涂着厚厚的唇彩，依然盖不住唇纹，有的泛着不健康的紫晕，有的滚出珍珠和笑，有的送进一口一口的菜肴。其中一枚嘴唇黑洞洞的，发出裂帛一般尖细的，撕扯的，挣扎的声音。张嘴时，金碧辉煌的牙齿、牙床、舌头奏响荣耀、理想、胜利的协奏曲；闭嘴时，口腔的舞台暂时歇息，拉上红色的幕布，但余响不绝，仍能做到在房顶环绕。它的主人是乔路。她像耀眼的太阳，在人群中发出令仇莉无法直视的光。其他嘴唇的主人陆陆续续都已经注意到了乔路，于是单簧管、大提琴、小号、手风琴先后停了下来，舞台中央只剩下一架明艳的钢琴，粗野，放恣，自由歌唱。明艳的钢琴的琴键在愉快地跳动，却没有注意到房间内还有一架喑哑的钢琴，在月光下，在星光下，拗断了自己的声带，只剩下嘴唇在徒然地一开一合。

桌上的手机屏幕亮起来，仇莉扫了一眼弹进来的微信。

徐老师：林总是主评委之一，他一点头，咱们就稳了。

巨大的秤砣拖着她向深海处坠落，她渐渐远离人群，远离光和声音。她的偏头痛又开始发作了，小虫啮咬着她的颅脑和骨骼。也许不该喝酒。

三

仇莉的手指轻轻弹动，江水很乖地流到了仇莉的手指下面。是啊，因为她是唯一的织女，鹊桥只为她架起。左手的八分音符借助平稳的节奏织体简单重复，表现水波层层远去。她眼前也出现了一眼望不到头的江水，夕阳西下，血色烂漫，染红了整个江面。耳边只有滔天的江声，纵横交错，由强渐弱，由弱渐强，由快至慢，由慢至快，由远及近，由近及远。

徐老师此刻就站在她身后，和她一起面朝江水，弯下腰，轻轻摁住一个琴键，在她耳边轻声问："仔细思考，作者如何塑造江水奔流的形象？"

"通过有规律地重复同一调式调性上组成的固定音型。"她机械地背诵烂熟于心的答案。

"很好。让我看到你的理解也融汇在了音乐里。来，再来一遍这个小节，感受一下。"

但是这一回，她无法再专心弹奏了。因为徐老师凑近她的时候，她分明再一次闻到了"罗意威"的"事后清晨"。偏头痛发作时的典型症状之一，就是畏声、畏光、畏气味。为了尽可能规避头痛的导火索，这些年来，她无意识地将自己的鼻子训练得异常敏感。不会闻错的，徐老师和乔路用了同一款香水的男女香。

隐隐有什么答案呼之欲出了，但是她不愿意相信。徐老师拍板《隔江相望》，原来不是因为它适合她和乔路的表演，而是因为乔路喜欢。

"仇莉，"徐老师摁住了她的手，"你看上去很累了，今天先到这里吧。"徐老师的手指很温暖，他见仇莉不动，于是开始沿着手臂形状爬行，爬行，爬过衣物柔软的织料，爬过仇莉的发梢，爬过她衣领间裸露出的一小节锁骨。仇莉的呼吸渐渐急促起来，还要往下时，她如梦初醒，一把反抓住徐老师的手："徐老师！"

仇莉的胸中长出了一块巨石。不过，巨石的形状不是徐老师，是乔路。也许是潜意识怕她的心太过于劳累，于是体贴地安排她梦见了乔路。梦里，她终于说出了那句压在她心头许久的真心话。

"你不是织女。你不懂《隔江相望》。"

乔路避开了"不是织女"的定义，反问："你怎么知道我不懂《隔江相望》？"

"因为你没有抵达过江的那边。"

"……"

沉默有时等于默认。在这局无声的博弈中，她险胜。她在梦中雀跃而欢愉，醒来时也畅快，好像重感冒鼻塞数天后终于通了气，能闻得到葱花手擀面条香味的那种畅快。

她渐渐觉察到和乔路之间裂开的大缝，像丝绸或者精梳棉上的褶皱，怎么也抚不平，又像光被深不见底的古井一小口一小口缓慢地吞食。六七月的梅雨面不改色心不跳地砸落在房檐前的青石头上，砸出一个又一个饱满的小坑，像一个又一个饱满的婴儿的奶嗝。有时，雷声也绵长，像明明只答应小孩只喝一口他的奶茶，却用吸管一口气吸干他杯子底下颗粒分明的甜蜜，好残忍。大人总是喜欢这样不小心把小孩弄哭以后，自诩这种居高临下的成人式沙文主义是"喜欢"，是"爱"。而小孩伤心的哭泣，不过是他还不懂另一个星球的语法规则和游戏链条。他断裂了，陷入了，于是流下了玫瑰花瓣上的露珠。大人是不小心，小孩也是不小心。大家好像都是不小心。

仇莉也是那样不小心窥见了乔路和徐老师的秘密。

琴房好大，他们好小。琴房好黑，他们好白。琴房好慢，他们好快。琴房好窄，他们好宽。

乔路跨骑在徐老师身上，身体向后仰倒，随着身体起伏的线条，棕褐色的蜷曲的长发也拐向不同的走向。仇莉想，如果麦西亚伯爵利奥夫里克还活着，说不定也会为她的美而动容。她太白了，像牛奶倒进了拿铁，只不过现在那拿铁因为过于卖力而淌出深色的汗，变成了美式，于是牛奶倒进了美式。她的胸口挂着一条小小的银色十字架项链，太阳光几经曲折，从窗口到阶梯最底下再到峰丘最高点再到十字架中央，太阳光完成了救赎的使命。

远处，涨潮了，一条白色的线正在渐渐逼近。侧耳倾听，淅淅沥沥的水声空灵，轻轻拍打江岸。乔路的手自然地垂落在两腿之间，十指有力地分开，倚靠，支撑在徐老师的上身，手指纤长、干净，像一节节洗去泥土的小葱白，没有什么血色。江水盖过暗礁，又谦虚地退行，白线变粗，开始凶蛮地在水天之间翻滚，乔路在徐老师的身体上弹奏咏叹调，因为过于用力，全身震颤着，连缀起涌动的暗流。而暗流之下，是诡谲的，隐秘的，即将吞没仇莉的巨浪。水晶一般发蓝的眼球上裹了一层薄薄的水汽，她分不清是自己的，还是乔路的。乔路大声地歌唱，喉咙发出原始巨兽的嘶吼，好像钢琴断了弦，格外刺耳。她在飞，她的背血肉模糊，伸出了翅膀，她像哭又像笑，但是她一定很快乐。随着一声恍然大悟的尖叫，乔路和徐老师坍缩在了一起，演奏谢幕了。灯光熄灭，汗水交织，江面在无形中恢复了平静。仇莉的妒恨像大火，从脚底燃烧至头顶，火过之处，寸草不生，甚至连脸上的雀斑和青春痘都没有放过。她更恨自己光注意乔路在飞，而忽略了江水早已退潮。

仇莉第二次梦到了乔路。梦里她在江边走着，下了好大的雪，纷纷扬扬。她才明白什么叫"鹅毛大雪"。原来雪大到一定程度，真的就像鹅毛一般，毛茸茸的，刺啦啦的，倾倒下来。她忘了带伞，只好用手挡在脑袋上，勉强挡一挡雪的冲击。江面上早就结了一层厚厚的冰，她的视线在冰上穿梭，游走，自然而然游走到了江对面的乔路身上。

乔路的嘴唇在一张一合。幸好仇莉不近视，梦里更是获得了百步穿杨的超能视力。原来乔路又在轻轻念着祷告词。

我们在天上的父 愿人都尊你的名为圣

愿你的国降临

愿你的旨意行在地上

如同行在天上

……

乔路从未直面过疼痛，从未被疼痛的泥淖包裹，却轻而易举地借力飞渡了江面。现在，她也变成了织女，她成功地与仇莉隔江相望了。

四

她找了几个人弄断了乔路的手指。弹钢琴的手指。

她没有去考虑太多后果，比如是否会把自己送进局子吃牢饭？是否从此会葬送自己的钢琴生涯？她满心满眼只有一个念头：织女只能有一个，但绝不可能是乔路，绝不能让乔路的肮脏行径玷污织女！

她目睹乔路盯着自己的手指发出痛楚的哭喊，五官扭曲，再也无法拼凑出幸福的花蕊，甚至挤不出一滴蜜。不，不可以定义成是痛楚的哭喊，是原始野兽的嘶吼，她的头和身依然向后仰倒，就像她在徐老师身体之上向后仰倒和演奏一般。现在她直面疼痛了，她直面钢琴地狱最底层的痛苦了。钢琴地狱的天花板上垂吊着黑白键，黑键与白键垂直粘贴成一副副十字架，将要生生世世审判她。仇莉对乔路和她都没有修习过中文系的课程深表遗憾，因为"痛"与"苦"是表里关系，无法割裂，无法分解。这一点，她想以前乔路也许不懂，现在一定懂了。乔路的头无力地垂落，棕褐色的蜷曲长发盖在了脸上，牙关紧咬像白玉珍珠门帘闭合，口鼻间淌出透明的口水和鼻涕，像被猎人绞杀的鹿。

没有织女二号了，她想。

她机械地再一次弹起《隔江相望》，一遍又一遍。明明这样温柔的曲子，什么时候开始，变得如此凶猛、残暴、丑陋？如此慷慨地帮助她直面内心深处的欲念、局限和阴暗？储望华的作品，风格往往极为突出，特点之一就是和声的运用。为了让自己的作品具有民族风格的特点，他往往大量运用能够体现民族特色的四度、五度和弦。仇莉企图沉下心来，隔江相望。好的和弦，音与音之间妥善地叠置，各音间保持一定的紧张度，音调协调丰满，于是江水的情绪也丰满。由远及近，云层像灰白的鱼鳞片，将江水一片片一层层裹挟，将江水中的落日一片片一层层裹挟，像淘气的孩童打翻了调色的水桶，银鱼灰白不再灰白，蟹壳青绿不再青绿，银鱼灰白和蟹壳青绿都染上了熟虾子赤红。

仇莉离江好近了，可是为什么她就是无法飞渡江面？拿破仑在攻下巴伐利亚后，送给约瑟芬的新婚礼物是一个金色的小盒子，内里刻着"命运"。这是她的命运吗？不！她不信！也许只是因为她还没有长出乔路的翅膀。是不是只要长出翅膀，她就可以飞渡江面？

于是，她选择了妥协，在徐老师身上摇晃，在徐老师身上寻找答案，她多次复习《隔江相望》的乐谱，同时多次复习这个问题。野兽一般的嘶吼是他的，而她发出的鸦哭和号叫——在他眼中，是满足的呼号，是父权又一次胜利征伐，开疆拓土的符号象征；在她眼中，是对江水的控诉，对鹊桥的质问，她不明白，为什么她还是无法长出翅膀？明明她才是织女，为什么还不让她见到她的牛郎？

每当头颅的疼痛袭来，她都只好暂时投降，用热水送服药片，钻进黑暗和温暖。戴上毛线帽，疼痛的形状也变得模糊不清，有时，疼痛的边缘变得锐利，呼啸，有时，疼痛的边缘变得圆钝，柔和。疼痛更多的时候像一个不折不挠的攀登者，勇攀高峰，当它到达最高点，会变成一种混沌的，苦涩的钝痛。仇莉想，"痛"果然是"苦"的，不知道乔路被踩着手指时，她明白了没有，那种气味和口感，原来真的可以通过神经特别真切地传递。只是这一回，不会再有女孩陪伴她坐在天台晒太阳，求助自然的神力缓解偏头痛，因为太阳已经被淹死在江水之中。

奇怪极了，乔路从此消失了。她已经很久没来上课，徐老师竟然再未问起她的去向。仇莉隐约觉得哪里有些不对，但徐老师绝口不提乔路的结果正中她的下怀，她心安理得地独享织女。喑哑的钢琴最终取代了明艳的钢琴。

比赛的日子如期到来，原本的四手联弹因为乔路的缺席，变成了仇莉的独奏。同时，主办方提出改变比赛形式，改为三曲选送：每支队伍可同时演奏三首曲子。经过商量，徐老师和仇莉最终决定将悉心打磨了最久的《隔江相望》放在最后，一举冲击桂冠。

仇莉在后台化妆准备，心里一遍遍记诵已烂在心里的谱。这个机会，仇莉等了太久太久，她必须抓住。先上底妆，然后描画眉毛，勾眼线，眼尾一定要飞扬，像织女在空中莲步轻移时飞扬起的衣袂和发丝，口红得是正红，因为此刻天色已大变，远方的云层黑沉沉地压在江面上，江水已经变成鸦青色，若不涂正红，根本看不见织女。很奇怪，江水的情绪变化，她总是能第一时间敏锐地感知。想到这里，她打了个寒战，于是赶快呷了一口热橙汁。她穿好礼服，低下头，才发现，礼服的领口开得好低，她有些羞赧，锁骨竟像两条导引的箭头，向下探索，又像神鬼依山形顺势大剌剌开辟出一道幽谷，灯光下，那美的深处被黑暗恰到好处地吞噬了，完成了影灯漏月欲说还休的神秘。

她顺利完成了前面两曲的演奏。她今晚的状态非常好，仿佛灵与肉与钢琴合三为一。掌声如雷，久久不息，甚至幕布落下还要再鼓一会儿。如果幕布落下前掌声就已经消失，说明是礼仪性质的鼓励，但如果幕布落下后，掌声仍能悠长贯耳如鸥鸟南下过冬的队伍，则说明是对表演者演出水准的真心认可和肯定。

下一曲，就是她最拿手的《隔江相望》。

外面已经有些骚动，她听出是媒体和主办方交头接耳的声音。都在等着采访她呢，这回不是说"麻烦让一让"了，而要对她说"麻烦讲一讲"了。她的心雀跃起来，一突一突的，像孕育了许久珍珠的蚌要吐出它最得意的作品。她反复深呼吸，告诉自己冷静，冷静，冷静下来把这一曲弹完。现在，离胜利只剩一步之遥。

她补了妆，又喝了一口热橙汁。不，橙汁已经冷了好多，喝到肚子里，能感觉到它沿着肠胃的形状冷却，一路冷下去，怪难受的。她深吸一口气，走上台去。幕布还没拉开，舞台还是暗暗的，但是三角钢琴前已经坐了一个人。

她向前走去，心跳一点一点没有了，手脚一点一点变得冰凉，全身的血液一点一点被抽干了。那人穿着露背纱裙，翼状肩胛像蝴蝶的骨骼一般，硬挺挺地伸出裙子的纹路，向外怒张着，有一种病态的美。肌肤如雪，白得惨烈，棕褐色的蜷曲长发披散在肩膀上。

"是你？怎么是你？"

仇莉大呼，企图一把推开乔路，却发现手指使不上力气。她定睛一看，自己的双手竟缠着绷带，打着石膏，黑色的血正细细密密地从绷带的缝隙间渗透出来，滴在舞台的木地板上，滴在她雪白的礼服裙裾上。

眼皮好沉重，好像有厚重的光想要突破藩篱，冲进虹膜。仇莉一下子坐了起来。雪白的天花板，浅绿色的窗帘，空气中有蓝色的来苏水的味道。仇莉其实不确定来苏水一定就是蓝色的，只是它的气味让她很容易觉得它就是蓝色的。她瞪着眼睛，继续寻找线索，努力思考自己在哪儿，低下头，发现自己坐在一张白色的床上，身上穿着白底蓝色碎花的病号服，双手缠着绷带，打着石膏，赤着脚，脚指甲剪得很干净，泛出粉红色的光泽。

见她醒了，外婆和妈妈围了上来，问她好些没有。她对眼前的处境一时不解，头昏眼花，疑惑究竟刚才的一切是梦，还是眼前的一切是梦？于是上身强撑着床沿，问外婆："乔路呢？"

外婆很疑惑："什么乔路？"

"我怎么了？我弹完了吗？我怎么会在这里？"

"孩子，你先好好休息一下，好不好？不要想太多，好好休息一下，好好休息一下……"外婆干干地张张嘴，还没说话，妈妈已经伸手过来，把她轻轻按平。妈妈的力气不大，但是有不容拒绝之意。

二人在浅绿色的窗帘旁站直，默默看着她，像两堵温柔而坚硬的墙。

那种隐约好像哪里不对劲的感觉又浮了上来，她的心一沉。

夜很深了。她轻手轻脚地起床，穿好拖鞋，暗自庆幸自己断的不是腿或者脚。她想洗洗脸，或者梳梳头发，但是一低头，手上只有绷带和石膏。于是无奈地笑笑，行走在走廊上，真好，护士们没有发现她。她轻车熟路地拐到那个没有上锁的楼梯口，又轻轻侧身，拐上了那方小小的天台。

主治大夫罗主任和外婆、妈妈的轻声议论依旧回荡在耳边。

"我跟你们叮嘱了很多次了呀，治疗过程需要时间，尽量切断仇莉对外界信息的摄入，对她病情的恢复才有好处。今天，大概率是她看到了《隔江相望》演出的新闻，才促使病情恶化。这一次她通过击打镜面，弄伤自己的手指，下一次，我们谁都无法保证她的自残行为如何升级。"

"罗主任，我这段时间也和她聊了聊，"是外婆焦灼不安的声音，"她的臆想中好像一直有一个比较特殊的人物，叫'乔路'。在她的幻境里，乔路本来是她最好的朋友，为了和她争夺机会与利益，最终反目。"

"仇莉认为，自己踩断了乔路的手指，也结束了她的钢琴生涯。然而最后，却在《隔江相望》的公演舞台上看见乔路坐在钢琴前，抢走了她的演出机会。"妈妈在旁边补充。

"仇莉的臆想情有可原，她毕竟患有分离性身份障碍，也就是我们常说的'人格分裂'。病发前，她因《隔江相望》而成名，这首曲子对于她的意义自然非凡。后来，心中的恩师徐老师多次利用了她，甚至诱骗她发生了关系，她其实一直对于自己的错误抱持着厌恨情绪，所以她臆想出了'乔路'次人格，在几个记忆的关键转折点替代了她本来的角色，就此病发。这可以看作是一种心理防御机制被动启动的表现。因为发病，她已多年没有新的代表作品问世，唯一的生命支柱就是那曲《隔江相望》。所以在她的幻境中，她与乔路的权力斗争必然会围绕着《隔江相望》反复展开。她们曾经是最好的朋友，但是最终，乔路背叛了她，凭借她最不齿的手段，与她'隔江相望'。她踩断乔路的手指，毁灭乔路，却又在比赛舞台上再次看见乔路，暗示着的都是她始终没有办法原谅自己，没有办法释怀过去，所以她的主人格和乔路人格一直缠斗不休。显然，她的潜意识依然在反反复复，痛苦地挣扎。"罗主任的声音渐渐低了下去，"我们需要耐心，再给仇莉一些时间吧。"

但是仇莉知道，自己没有时间了。下雪了，好大的雪，今年冬天最大的一场雪。她站在医院的铁栏杆上，赤裸的脚底板率先尝到了血腥的味道，然后忠诚地层层传递进身体和口腔。起风了，夹着雪的风把病号服的下摆和裤管吹得好胖，把病号服上的蓝色碎花吹得一朵一朵开放在这个雪夜。她向下坠落，晶莹剔透的雪花扑在她身上，扑在她棕褐色的蜷曲长发上，扑在她脖颈处银色的十字架上。肢体扭曲，打结，尽兴地舞蹈，像安徒生童话里坚定的单腿锡兵。手自然地垂落在两腿之间，手指纤长、干净，像一节节洗去泥土的小葱白，没有什么血色。

> 我们在天上的父 愿人都尊你的名为圣
>
> 愿你的国降临
>
> 愿你的旨意行在地上
>
> 如同行在天上
>
> ……

她睁开双眼。

外婆关切地看着她，"囡囡，你醒了？"

所罗门婚歌

咸涩的河[①]

深圳宝安一家医院的血液净化科三号床位上，周小燕数着透析机管壁里上浮的血珠。那些殷红的小球每隔四秒就会经过一次弧形观察窗，像被困在琥珀里的昆虫标本。四秒，她很确定，因为她数了无数次。她的睫毛急促颤动着，像被蛛网困住的蝶，但嘴唇始终抿成一条平直的线。透析时，需要通过穿刺将患者的血液引出体外，再通过透析设备进行净化后回输。消毒水的气味在换棉球时突然变得浓烈起来。周小燕看着那扇着白色翅膀的天使虔诚地对待她的穿刺部位，

---

① 《所罗门婚歌》中，两位身陷绝症的男女主人公为换肾而缔结婚姻的灵感，来自纪实人物通讯《最无奈的婚姻：两个绝症患者的生命协议》（《婚姻与家庭》杂志首发，作者朱金平）。

手上的棉球洁白，拿着棉球的手也洁白。洁白的手拿着洁白的棉球，以穿刺点为中心，蘸着碘伏，由内向外进行环形擦拭，一圈圈扩散的褐色痕迹，像无声的尖叫，深一道，浅一道，她的痛也深一道，浅一道。

周小燕数到第三百二十七颗血珠时，发现透析机观察窗的弧形玻璃上结着一层薄雾。那些在淡蓝色管壁里匀速上浮的殷红的小球，正带着湿润的蒸汽，缓缓掠过刻度表。

血透大厅的中央空调温度恒定，但每位患者头顶都悬着独立控温的出风口。最里间的隔离透析区，新装的紫外线加热灯正在烘烤刚消毒过的被褥，橡胶与棉纤维在热浪中散发出略带焦味的温热。护士长掀帘子的动作比平时慢了半拍，某种柔软的节制在滋长，苔藓在岩缝间蔓延。碘伏棉球按压在穿刺点上，皮肤传来一阵冰火交织的刺痛，像去年冬天她不小心勾破的羽绒服里漏出的鹅绒，轻飘飘打落在她打着留置针的手背上。

血压又掉了。护士长敲了敲监护仪，示意她看，液晶屏上的数值正在轻微闪烁，一片绿色的，蓝色的，红色的，橙色的，黄色的温柔波浪。周小燕听见自己的太阳穴传出沙沙声，仿佛有无数只蠹虫正在啃食她的血管内壁。她摸向枕头的动作牵动了透析导管，枕头下压着一个绣着卡通凯蒂猫的拉链小布包。护士长和病友们也曾好奇里面装着什么，她只是摇摇头，不语。他们于是也默契地不再追问，像是形成了一种无声的契约。这种契约其实最早来自病房里经年累月的避让，避让彼此的病历上被红笔圈禁的深渊。谁也不想凝视深渊。布包里什么都没有。只有一些被塑料袋层层包裹的点心碎屑。她伸手进去时，它们发出好听的细微的脆响。那是父亲送来的核桃酥残骸，她当时吐得肠胃痉挛成一道拧紧的毛巾，不敢吃，退而求其次，用苦涩的舌尖轻轻舔舐，嗅闻点心的香气。她生病前最喜欢核桃酥，便宜，香甜。点心碎屑纷纷落下，落满了她的病号服，像场突如其来的初雪。

周小燕的耳机里塞着唐朝乐队。"今宵酒醒无梦／沿着宿命走入迷思／梦里回到唐朝／今宵杯中映着明月／男耕女织丝路繁忙／今宵杯中映着明月／物华天宝人杰地灵／今宵杯中映着明月／纸香墨飞词赋满江／今宵杯中映着明月／豪杰英气大千锦亮／今宵杯中映不出明月／霓虹闪烁歌舞升平……"他们的长发是狂草，是泼墨的狼毫，皮衣是淬火的战甲，当舞台灯光劈开猎猎的烟雾，这支乐队便径直冲出盛唐，冲出现代。丁武的嗓音像一柄从敦煌壁画中拔出的剑，锈迹斑斑却寒光凛冽，劈开混沌时，带着嘶哑的悲怆；张炬的贝斯低吼，是长安城外滚动的闷雷，震得人胸腔共鸣；刘义军的吉他是泼在熟宣上的烈酒，狂放处，安置金石崩裂的铿锵，细腻时，又似琵琶轮指的幽咽。

周小燕数到了第四百零九颗血珠，闭上了眼。朱雀大街的尘土被飓风卷起，马蹄声碎，驼铃叮当，重金属的轰鸣中，她听到走廊里运送医疗废物的清洁工阿伯推着推车经过，压碎烽火台的狼烟，压碎锈铁、檀香，压碎中原的牡丹、西域的荆棘、工业废铁的尖刺，压碎兵马俑的陶片、敦煌飞天的飘带。她听到橡胶轮碾过地胶接缝时总要卡顿两下，阿伯艰难地弓着腰，往前顶胯。她听到阿伯的眼镜腿瘸了一只，镜片被呼吸蒸出白雾，她听到那些用过的透析器在黄色双层袋里盘踞成团，针头透过特制容器，支棱出尖锐的轮廓。她听到阿伯的睫毛上凝着汗珠。她听到她又一次，又无数次流下眼泪。

护士长拧开了生理盐水加热器的旋钮，淡黄色的液体在输液管里泛起涟漪。透析机的控温模块闪烁着淡绿色数值。护士长说，温度高些能扩张血管，帮你稳住血压。她望着窗台上那盆蔫掉的绿萝，发现最底层的枯叶间竟然藏着一个蜷曲的蜗牛壳，壳口处凝结的黏液正在缓慢硬化。她蜷曲在透析床上，小腿不自主地颤抖，她也在缓慢硬化。护士长抽出一条加热过的毛毯，裹住她的下肢，裹住蜗牛壳。

她蜷在透析床上，拇指悬在手机屏上方颤抖。她用的手机很便宜，一次失手滑落，屏幕就碎了，不过因为没有溢液，她也就拖着，一直没有去修。手机屏幕的裂纹将夕阳切割，周小燕在破碎的夕阳里看见了父亲最后发来的语音条。她反反复复看了无数次。热流在血管里奔涌，她却觉得指尖发冷。水肿的眼睑把屏幕切成模糊的色块。

父亲攥着安全绳的金属扣环反复检查，工棚外的天空已泛起铁锈色。台风预警的短信在半小时前就群发到所有工友手机里。大刘一把拽住他的工具包，声音压得比吊篮的铰链声还低，老周，别上去了，这风能把楼晃出响儿，钱哪有命要紧啊？父亲没抬头，只是将安全绳末端的自锁器在腰间扣死，金属碰撞声清脆得刺耳。那根绳子刚被质检员用游标卡尺量过，符合国标，但边缘有一处不易被发现的被幕墙铝框磨出的毛刺，像女儿的手背上反复扎过的针眼。父亲钻进了吊篮。安全帽内侧，被他用透明胶条细心地贴着女儿的透析时刻表：周一、三、五下午三点。时时刻刻，像三根钢钉，钉在他的太阳穴上。

他忽然开口，手指无意识地摩挲着安全绳上的毛刺，闺女今天又要做血滤了。前天医院打电话来催款，他正悬在三十二层，吊篮被突来的阵风推得撞向幕墙，大腿磕在钢化玻璃上，留下的淤青此刻还泛着紫。包工头答应今天就可以结清拖欠的三个月工钱，前提是必须完成最后一组幕墙密封胶检查。那是台风过境前最后的验收节点。

父亲踩着悬空的脚手架拧紧了最后一颗膨胀螺栓，安全绳扣突然发出金属疲劳的断裂声。他本能地抓住摇晃的玻璃幕墙框架，风灌进未封闭的洞口，把工装裤吹成了两条鼓胀的气球。包工头还在楼下抽烟，烟头的红光在百米高空看来像一粒将熄的星。父亲感觉背后的安全绳像一条冰冷的蛇，在建筑外立面的转角处被狂风撕扯。他的吊篮像失控的蛛丝般摆动。密封胶的裂缝在幕墙接缝处蔓延，安全绳突然绷紧，固定锚点的女儿墙在强风下发出钢筋扭曲的呻吟。冷汗浸透了工装，他的对讲机别在腰后嗞嗞作响，断断续续传来包工头的怒吼，查完没有？查完赶紧下来了！玻璃碎了还能换，人没了，老子可赔不起！

　　父亲来不及回应了。他顺着幕墙龙骨滑下去几米，铝框边缘立时割破了手掌，血迹随着他的身体的运动轨迹向下拖行。坠到二十五楼时，他摸到了裤兜里的手机。微信页面的语音键被他痉挛的拇指按下：闺女，爸爸爱你……风声吞掉了这最后一条语音的后半句。安全网破洞处垂落的钢丝绳擦过他青筋暴起的手背，好像什么呢？好像少女的凌乱发丝扫过手臂的触感，模糊的，暧昧的。夜晚也是模糊的，暧昧的。工棚漏下月光，模糊的，暧昧的。几个醉汉的劳保鞋围成的圆圈里，少女的碎花衬衫像被推土机碾过的野花。她的麻花辫散开在水泥预制板上，发丝间黏着工地上未凝固的混凝土渣。肋骨撞上脚手架横杆，他闻到破碎的音节，闻到自己喉间的铁锈味，闻到女儿透析时手臂留置针渗出的血珠，闻到少女身上的伤口。

父亲的另一位工友老王正在十九楼切割玻璃，听见了重物击打安全网的闷响。他冲出去时，只看见父亲倒挂在钢索上，脚踝上的安全绳缠成了死结，脚踝已呈紫黑色。他在风雨中旋转，摇晃，画圈，像在虚空中拧着不存在的螺帽。老王把备用绳抛过去，却发现采购的备用绳的直径不知为什么竟然少了几个毫米，卡扣根本咬不住父亲的安全带。父亲还在下坠，他忽然想起女儿最后一次拽他衣角的样子。那天她拔掉针头，说，爸，咱不治了。而他甩开她的手，冲出门去。风声灌满耳膜，他的嘴边竟露出一丝笑意，最后的目光落在十三楼未闭合的玻璃接缝处。那里还没开工，夹着他上周偷藏的两张保单，很安全。受益人写着女儿名字。父亲像片被风卷走的玻璃，直坠而下。他想，工伤保险金加上私单提成，也许，够了。少女侧脸紧贴潮湿的水泥地，右眼倒映着他们挂在工棚横梁上的灯，瞳孔里的强光像被困在琥珀里的萤火虫。最刺目的是她始终大张的嘴，不是呼救，而是沉默的呐喊。安全帽撞击地面，父亲蜷缩成了胎儿，病床上的女儿蜷缩成了胎儿，水泥地上的少女也蜷缩成了胎儿。

老王和大刘踉跄着冲下楼，急救人员已摇头退后。父亲的遗体被白布半掩，露出的手指仍保持着生前紧握绳索的姿势。老王蹲下身，颤抖的手覆上父亲冰冷的手背，喉头哽住。顿了又顿，最后脱下沾满水泥的外套，盖住了父亲裸露的伤口。

回忆被主治医生打断，血钾又超标了，下次透析必须提前。周小燕低头看着自己浮肿的小腿，不吭声，像一株被掐断茎秆的百合。尿毒症患者因肾脏功能严重受损，无法正常排泄钾离子，所以高钾血症是最常见的急性并发症之一。她想省点钱，可能透析不够充分，导致了钾蓄积。生病以前，父亲总说她的腿像老家藕塘里最白嫩的莲藕。如今这双腿正被毒素侵蚀，变成了父亲在建筑工地上攀爬时锈蚀的脚手架。

月光取代了夕阳，周小燕发现输液架的投影延伸至了邻床，老太凹陷的眼窝里盛着两点银白的光。医疗废物推车再次经过，黄色塑料袋表面结满了霜花般的冷凝水，某根从袋口滑落的采血管在瓷砖上拖出蜿蜒痕迹，像死神垂落的钓竿。

周小燕发病那年，是东莞樟木头镇的一家灯饰厂的流水线女工。她在这里已经干了六年。厂里近来正赶制一批圣诞节的沃尔玛订单。她坐在流水线上的第七个工位，面前是成筐的未组装的 LED 灯串，塑料松枝在空调冷风里散发着工业蜡的气味。那是深秋季节，厂区宣传栏贴着"大干九十天，进度要领先"的红色标语，打卡机旁的饮水机永远亮着红灯，水很硬，周小燕的水杯沿总也积着一圈牙膏白的碳酸钙渍。

最初的征兆出现在右手的指关节。周小燕给灯串焊锡时，发现小指第一节总是比烙铁头慢很久才能抬起。组长王姐说，可能是风湿，往她工位塞了罐虎骨膏，刺鼻的药味混着焊锡的烟，在肺叶里凝成黏稠的痰。真正在她心头敲响警钟的，是晨尿里的泡沫。那天周小燕在厕所隔间数着迟迟不散的细密泡沫，起了疑心，她趴在那里专心地数，像小时候趴在村头的榕树下，对着一窝窝蚂蚁，专心地数。不同的是，以前她数的是蚂蚁的生命轨迹，如今她数的是自己的生命轨迹。窗外传来早班货柜车的一阵轰鸣，她想起老家过年杀猪时，猪尿泡摔在青石板上的景象。

年轻小姑娘就是金贵啊。社区诊所的老大夫话是这样说，还是把听诊器用手焐热了，才贴上她的胸口，然后慢悠悠地说，七四年在陕北插队时，我们赤脚医生连显微镜都没有。有个知青尿里的泡沫能浮起麦麸饼，我摘了崖柏叶子给他煮水喝。他摘下老花镜，又把听诊器收好，说，后来发现是饿出来的。那时候常常没东西吃，全村人把苞米芯磨成粉，掺进榆钱馍馍，对付一口。你这尿呢，要搁当年的条件，得接半碗对着日头看，浮沫能挂碗边的，才叫事儿。枯瘦的手在病历本上画出狂草：疑似尿路感染。周小燕攥着头孢处方，走出了诊室。

灯饰厂开始实行两班倒的第二天，周小燕在更衣室晕倒了。监控录像留下了她倒下时的画面。急诊 CT 报告显示她的双肾已经萎缩如风干的核桃，血肌酐值比正常值高了八倍。肾内科主任用笔尖戳着检查单，怎么拖到现在才来？周小燕盯着他白大褂袖口的咖啡渍，想起上周报废的那批灯串。有个女工把红绿 LED 装反了，整批货于是在质检时都闪着失去了节奏和弹性的紫光。

诊断书递到了父亲手里，他那个时刻正在工地上拌水泥。安全帽下的手机漏着包工头骂人的方言，诊断书的边角在瑟瑟的战栗里沾上了灰色泥浆。其他他都看不太懂，唯独"尿毒症"几个字，泡在汗渍里，像被暴雨冲垮的蚁穴。

周小燕靠在走廊的瓷砖上，冰冷让她清醒了大半。主任的声音就响在她耳边：周小燕，经过检查，我们发现你的尿毒症很可能和你的工作经历有关。你长期在灯串包装线上工作，会接触到含有邻苯二甲酸酯类增塑剂的物质。这种物质对肾脏有伤害，尤其会损伤肾小管，时间长了，肾脏内部会纤维化，影响肾脏正常工作。另外，你日常饮水不足，又没有定期体检，没及时发现肾脏问题并治疗，这些因素叠加起来，导致了如今的情况。接下来，咱们积极配合治疗，争取控制病情。

工厂直接驳回了周小燕的职业病指控。负责人"啪"地把文件拍在桌上，震得不锈钢茶杯发出尖锐鸣叫，好似被困在笼中的蜂鸟，疯狂扑腾翅膀。你这病，纯粹是基因缺陷！隔壁产线的工人，干了十年都安然无恙，怎么就你出问题？话音刚落，两个保安就冲上来，扯着她的袖子，连拖带拽将她轰出了门。

彼时，樟木头镇正下着酸雨。周小燕孤零零地蹲在工厂门口，啃着馒头，雨水顺着不锈钢扶手蜿蜒而下，径直淌进面前敞口的保温杯里，她却浑然不觉，也顾不得去给保温杯盖盖子。手里的馒头干涩，难咽。玻璃幕墙外的霓虹灯串突然齐刷刷亮起。那些 LED 灯珠，周小燕再熟悉不过，无数个日夜，她曾亲手将它们组装成灯串。可此刻，它们散发的光芒却透着陌生的寒意。周小燕想起医生说过，尿毒症患者对光线敏感。这些曾经承载着她汗水与希望的光源，如今却如同一把把利刃，灼烧着她所剩无几的生命。

倒流的沙

　　雪花形状的彩灯在街头闪烁，广播里播放着《平安夜》，周小燕却要在这天迎来人生首次透析。在王姐老公的多方联系下，她辗转赶到深圳宝安的一家医院。王姐提议来这儿，理由是离东莞近，方便往返。王姐难得的温柔。周小燕刚进工厂时，第一个师父就是王姐，直肠子，大嗓门，每次干活，都麻溜地把工装袖子卷到肘部，露出小臂肌肉。她身材壮实，胸脯鼓鼓的，吃饭从不讲究，一顿能吞下三碗饭，衣服纽扣系得错位两粒，也丝毫不在意。以往，周小燕做事磨蹭时，王姐就像一台高速运转的砂轮机，噼里啪啦数落：磨蹭啥呢？手脚麻利点！可当周小燕被主管刁难，委屈落泪时，王姐又瞬间收起火暴脾气，语气软下来，哭个球啊！天大的事，有姐在。走，姐带你去食堂加鸡腿！

　　透析室里，仪器规律的嗡鸣声交织成一片。数着透析机液晶屏上跳动的数字，看着循环管路中暗红的血液缓缓流动，恍惚间，她想起灯饰厂喷漆车间的自动涂装机，同样暗红色的漆料在管道里涌动，将灯具染成节日的颜色。护士说她的血管条件像六十岁老人，动静脉内瘘手术留下的瘢痕，像一条丑陋的蜈蚣，趴在她苍白干瘦的小臂上。某天半夜，手机一阵振动，将周小燕从睡梦中惊醒。是王姐发来的视频，流水线上，一位姑娘正坐在她曾经的工位上忙碌。镜头不经意扫过机台，虎骨膏罐子还在原处，只是已经落满了一层厚厚的彩色塑料屑。春节前最后一次复查，主治医生指着B超图像叹气，显示屏上，肾盂如同干涸的河床，一道道裂痕触目惊心。看到这一幕，周小燕思绪飘回了老家，那条被采砂船毁掉的小河。去年清明返乡，岸边芦苇丛里还卡着几颗生锈的圣诞装饰球，在风中摇晃。

梅雨季，病房窗外的宫粉紫荆正被暴雨打落，乔木在雨中舒展成绿色的焰火，新枝以近乎暴烈的姿态疯长，叶片在雨滴击打下，震颤如狂欢的铃铛。木门因吸饱水汽而膨胀，开合时发出沉闷的呜咽，铁制门框褪去金属的冷硬，凝结的水珠顺着锈迹蔓延，电器表面长出水痕，像透明的藤蔓缓慢攀爬。便利店的冰柜吞云吐雾，冷气与体温在玻璃门上交锋。外卖骑手的电动车碾过积水的柏油路，满地星子，便碎成千万粒叹息。

周小燕在病友群看到了肾移植科普讲座的通知。她冒雨赶往报告厅，帆布鞋踩在湿滑的地胶上，每一步都像踏在刚注模的塑料颗粒堆里。最后一次走进灯饰厂，周小燕是去签离职协议。她摸着打卡机上自己名字的凹痕，那下面叠着一千八百多个晨昏交替的蓝色印迹。财务室发的补偿金用薄薄的信封装着，重量却很沉。路过了喷漆车间，新来的技工正在调试自动喷涂机。周小燕口罩下的鼻腔突然灌满了香蕉水气味，喉头泛起透析后的金属腥甜。她扶着墙忍不住干呕，瞥见一个防毒面具被扔在废料桶里，滤毒盒已经长满了绿霉。夕阳把工厂招牌的阴影投在她的身上，恰好遮住了透析管的穿刺点，像一场古怪的巧合。

深夜的病房走廊回荡着心电监护器的声音，林爱华颤抖着手指，点开微信群。聊天框里跳动着各种临终嘱托，有人在转让止痛药，有人兜售着九成新的假发套，最新消息是一条讣告链接，于是群成员又减少了一位。突然，病友群里跳出来一条新的弹窗，屏幕的白光在黑暗中照亮了林爱华油腻腻的脸。林爱华开了灯。输液管在冷光灯下呈现尼龙绳的质感。他的力气，他的生命在日渐衰弱，至少每天早晨，他能明显感觉到变化。以前，他每天都能听到自己站在马桶前，发出公马一样有力的小便声。现在是淅淅沥沥，绵延不尽。

一条消息赫然写着"寻合适的病友和我结婚"，发出微信的人的微信昵称是"燕尾蝶"，头像照片里戴着雾霾蓝色的医用口罩。但他还是看见了口罩上方的那双美丽的眼睛。

本人为 AB 型血尿毒症患者，愿与因各种原因已决定放弃治疗，未并发肾功能衰竭且各项条件匹配的肾源匹配者缔结法律婚姻，作为交换，将终生代为赡养对方父母和家人。非诚勿扰。

联系人：周女士

血液净化中心 3 号床

　　周小燕躺在医院透析室，手机屏幕在充斥着消毒水味的空气里亮起微弱的光。

　　妹啊，去病友群发个征婚帖吧，我找人帮你打听了，夫妻平时生活在一起，生活习惯、饮食习惯会越来越相似，久而久之，就容易有抗原交换，所以在匹配肾源时，可能会比较容易匹配成功。记住，你选择的癌症患者需要满足两个条件，一是没有并发肾功能衰竭，二是你和他的血型匹配。你可以找治不好的那种人。作为交换，你可以代为照顾他的家人，这样，等他死了，你就可以用他的肾了。最重要的是，你都这么大了，还没谈过恋爱，姐不想你……有遗憾啊。这条微信来自王姐，半个月前，像一柄手术刀，剖开了她最后的道德防线。王姐估计也知道这些话不好让人看见，发的语音，没打字。周小燕把语音转成文字，看着那些转化不彻底和错漏的地方，像错误的拼图，碎得一块一块。

　　林爱华在细雨中吹响了训练哨，鼻腔突然涌出血珠，协同雨水砸在战术板上，把板子上的阵型染成一片猩红。他抹了把脸，自嘲自己可能是太累了，但巨大的恐惧还是没顶而过。这是粤港澳大湾区 U12 选拔赛的决胜时刻，他是主心骨，不能倒。夕阳将他的影子拉长成扭曲的惊叹号，裤管空荡地晃动着。

他猛然提高的嘶哑声线撕裂了训练场的喧嚣，注意交叉跑位！仅仅是一声吼叫，便足以让他力竭。他倚在训练场边的铁制围栏上，指节用力，仿佛要将金属栅格捏出凹痕。湿漉漉的风裹挟着草屑，掠过面颊，林爱华的喉结艰难地滚动。战术板突然从颤抖的指间滑落。塑料夹层与草皮碰撞的闷响惊动了正在练习弧线球的守门员。少年转过身，正好瞥见教练满头的汗顺着眉骨往下淌。林爱华试图弯腰拾取战术板，脊椎突然僵直如生锈的门轴。这个曾在赛场上连续站立指挥几个钟的男人，竟被身体突发的钝痛钉在了原地。他的后背不断地渗出汗渍，夹杂着针尖状的出血点。瘀斑在运动服潮湿布料下迅速地不动声色地蔓延。他眼前一会儿黑，一会儿亮，终于忍不住了，手指哆哆嗦嗦地插进场边的铁丝网里，呕吐不止。淡绿色的胆汁和草地混为一体，漂浮着棉絮状的血块。

血常规报告像一张错误判罚，"急性淋巴细胞白血病复发"几个字比任何假摔动作都更让他眩晕，病历上的医学术语比任何对手的战术分析报告都更令他恐惧。他攥着医保卡，皱巴巴地站在收费窗口，这张塑料卡片一时间沉默得像张红牌。

消毒水味在中央空调的循环中变得稀薄。周小燕的征婚帖发出后，微信通讯录中的红色数字迅速增加。她点进去看，发现不少人都在好友申请框里骂她卑鄙。公开的暴力总让人有一种被暴露于光明下的不安，但隐秘的暴力却总是来得这么松弛，因为少了监视，少了约束，少了窥探。

林爱华的微信昵称就是实名的"林爱华"，申请语就是简单的一句"您好，我是林爱华，我想认识你"，在一众谩骂里，显得突兀。她鬼使神差地点开了林爱华的头像。是一张戴着呼吸面罩的侧脸照，背景里，心电监护仪的绿光流淌进了雾化的玻璃面罩，他的瞳孔里像有一片绿茵场。

林爱华说，我对你的征婚帖很感兴趣，你可以再详细说说你的想法吗？

周小燕说，林先生您好。我知道这样发帖子，也许很冒昧，很唐突，但我实在走投无路，只能出此下策。如你所见，我是一个尿毒症患者，每天都在透析的痛苦中挣扎，生命进入了倒计时。

发送键按下的瞬间，血透机发出规律的滴答声。她望着自己青紫交错的胳膊，陷入虚脱。林爱华看着微信昵称为

"燕尾蝶"的头像右上角的红色数字不断增加，手机的振动从掌心传来。窗外的梧桐叶擦过玻璃，在他手背的留置针上投下晃动的阴影。

林爱华问，你匹配过肾源吗？

周小燕说，我匹配过，能匹配的肾源都尝试匹配了，但都失败了。我时间不多了。

林爱华问，所以，你想到找已经放弃治疗的癌症患者结婚，试图和他们匹配肾脏？

周小燕说，是的，我是 AB 型血。血型匹配是最基本的条件，和输血的原则类似，要求供者和受者的血型相容。一般最佳的情况是血型相同，但在血型相容的情况下，AB 型血的受者可以接受其他任何血型的供肾。

林爱华说，你很幸运。林爱华不擅长安慰人。

周小燕咧嘴笑笑，还要看人类白细胞抗原配型，相容性越高，术后排斥风险越低，以及交叉配型须为阴性。需要同时满足的点不少，不过，最重要的是血型，一般来说，血型匹配，其他都有余地。

林爱华说，那为什么非要找人结婚呢？

周小燕说，夫妻一起生活后，匹配成功率会增加，最重要的是，我想给对方一个承诺，如果我能活下来，我会照顾对方的家人一辈子。

即使隔着屏幕，周小燕也能感受到林爱华的迟疑，于是加快了发语音的速度。

我知道这个请求荒诞又自私，但请你听我讲完。如果我们结婚，作为交换，在我的余生里，我会替你照顾家人，让他们不会因你的离去太过孤单无助。我不奢求你立刻答应，只希望你能认真考虑。若你有一丝意愿，或者有任何疑问，都请回复我。这或许是我们改变命运的唯一机会。

林爱华盯着周小燕最后那个"我们"，迟疑了很久，艰难地说，我愿意试试，我是 AB 型血白血病患者，本来三年前移植过骨髓，又复发了，估计没什么希望了。但如果能在死之前帮到你，我觉得也值了。

医院西南角的紫藤长廊刚褪去早春的寒意，石凳上还停着未干的雨水。周小燕攥着病历袋坐下，袖口蹭过潮湿的青苔，留下一道墨绿痕迹。

长廊尽头的动静让她抬头。林爱华向她走来，背后是小叶榄仁。这是她最喜欢的树。新叶有蜡质光泽。阳光把她和他的影子投在石径上，五线谱上，休止符和连音线偶然相逢。

他的个子不高，脸很暗，她忍不住想开灯看看。他的四肢像蒸发了水分，但一些动作中能看出来他运用身体的灵活。她凭空猜测曾经的肌肉的健康线条。和病痛纠缠不清的身体，突然模模糊糊地走起了电流，那些缺失的电子元件，被锡糊住了，通了。林爱华把橘瓣掰开成花瓣形状，动作轻柔。他很自然地递橘子给她，她也很自然地接过，含住橘子，凉意刺得眼眶发酸。电流平静了很多。

周小燕撩起病号服的袖子，露出缠着止血带的动静脉瘘管，淤青的皮肤下，凸起的血管微微颤动。她闭着眼睛，斜靠在石凳上，轻轻哼唱起《月梦》：月色寂沉沉银霜茫茫 / 玉魂飘散落几多凄凉 / 独步漫长宵风过花零 / 遥望月空呜你在何方……吉他分解和弦，像月光滴落在结冰的湖面，贝斯线在低音区游走如冬眠的蛇。丁武的嗓音尚未切入，单簧管已吹出雾状的哀愁，每个音符都裹着上个世纪90年代北京地下室的潮湿的霉味。

林爱华惊讶，问她，你也喜欢唐朝乐队？他有一盘一九九四年的红磡演唱会录像带，丁武甩动长发，扬起汗水。那是他确诊前最后收藏的摇滚记忆，如今和CT片一起锁在床头柜里。周小燕拿出自己的随身听，分了一只耳机给他。林爱华忍不住笑起来，说没想到你这么复古，不用手机听歌，还用随身听啊？周小燕也笑，说，因为是唐朝乐队啊。

重金属狂潮击穿了衰薄的空气，电吉他扫弦如烈火燎原，贝斯低频如雷霆万钧，丁武的嗓音带着青铜剑出鞘的锋芒和锈蚀的颗粒感，马蹄不停，枪弹齐发，赤膊击鼓，火把高举。林爱华耳朵里塞着唐朝乐队的《国际歌》，缓缓说道，当时我带的少年队，条件很艰苦，训练场还是化工厂废弃的煤渣地。有个守门员小孩的父亲是锅炉工，每天用煤核在球门线画防守角度，他用他自己的方式笨拙地保护儿子，但明枪易躲，暗箭难防，有一次市级赛，对方的前锋使阴招，守门员小孩扑救时，撞裂了几根肋骨，之后就不再来训练了。还有一个瘸腿的孩子，我对他印象也特别深，每天都骑三轮车来偷看我们训练，车斗里塞满了捡来的塑料瓶。我中场休息时，逮住他，问他，那些塑料瓶是做什么的，他一脸不好意思地说，要攒钱，买双带钉的球鞋。他那瘸腿，我问了，是小儿麻痹，治不了的。

周小燕等《国际歌》最后的几个小节结束，才接话说，梦想和现实，是有距离的。紫藤的阴影洒在她的脸上，看不清她的神情。

林爱华说，是啊，梦想这玩意儿，就是个奢侈品，一般人哪有机会碰到。

周小燕说，你有什么梦想吗？

林爱华说，我以前的梦想，就是帮这些孩子实现梦想吧，不过有些东西，我也不好摆上台面跟你明说，只能说，我后面发现，我这梦想，是奢望，是幻想。

他沉默不语了，盯着那些低垂的紫藤花。暮春的风掠过藤架，千万朵蝶形花穗便涌动起紫色的诗行，浅紫、靛青、月白在光线中层层晕染，如同吴道子泼洒的没骨山水。笔势野气，虬曲的枝干攀援而上，新抽的嫩梢裹着银白色绒毛，像宣纸上未干的墨迹在料峭的春风里颤抖。未绽的花苞，蜷曲如篆书的笔锋，含着欲说还休的春意，零落的花瓣蜷成小舟，堕进片片青苔，化作写给土地的密信。那些密信，也许都是他的队员写给他的一道又一道的紫色的创口，好疼。

周小燕说，你什么时候来的深圳？

林爱华说，来了有五年了，我还有个妹妹，身体不好，慢性病，需要很多钱治病。深圳这边给的待遇很好，之前还有重点中学想挖我进去呢，现在不是搞"体育强国"嘛，说是可以让我走特殊人才引进渠道。假如没有复发，我有在考虑。深圳机会还是很多的。

周小燕说，你现在简直是泥菩萨过江，自身难保。

林爱华说，我没想过以后怎么保我自己，我妹妹能活下来就行。

周小燕把头扭转开，随身听里的音乐不知道什么时候已经结束了。

林爱华说，我替你问你想问的吧，你是不是想问我到底想好没有？他把自己的各项报告都塞进了一个文件袋，递给周小燕。他的手很好看，即使裹了一层病痛的壳，还是能看出来小麦色的皮肤。林爱华说，我想好了，我们可以结婚。我生病以前，薪水和待遇都很不错的，所以你放心，我的病，不会拖累你。我这次复发就没有再抱什么希望了，我想着死之前也能做点有用的事吧，所以看到你的帖子，我就来联系你了。活下来是你的梦想，我能帮你实现你的梦想，我觉得我这个人也是有价值的，最后干了件有价值的事。我唯一的心愿，就是你能照顾好我妹和我爸妈，替我多陪陪他们。

红色的冰

周小燕揭开保温桶，淮山栗子乌鸡汤的蒸汽像薄绸。她特意用滤网撇去了浮油，汤色清亮如琥珀。保温桶夹层里还藏着个青花瓷小碗，盛着剥好的清蒸鲫鱼，鱼腹最嫩的部位被仔细剔除了暗刺。林爱华的妹妹倚在床头，鼻腔插着的饲管像条透明的寄生藤。林爱华说，妹妹以前文科成绩很好，尤其是语文，爱写一些东西。窗外的雨穿过了石膏墙，在她的眼窝深处积蓄成两泓永不会干涸的咸湖。她精神好点了，就爱读大部头，床头和床脚堆着不少厚厚的书。

周小燕用棉签蘸温水，润了润她皲裂的唇，突然变魔术似的从帆布包掏出个迷你研磨器。前夜泡发的薏仁、芡实在破壁机里打了四十分钟，颜色乳白。她把研磨器旋钮调到最细档。"阿妹，你哥说你想喝饮料，姐给你做。"周小燕嘻嘻笑着。妹妹的喉头蠕动出微弱的吞咽声，像条搁浅的鱼重新触到潮水。

厨房里，林爱华系着围裙，把冬瓜虾皮馅的饺子捏成月牙状。他转头，笑吟吟望着她。"你来了？我在做给我妹的加餐，"他揉面的指关节还粘着留置针胶布，"要吃点什么？"周小燕抓起把芹菜要帮忙剁馅，被他用擀面杖轻敲手背："不用你帮忙，你快去休息。"周小燕说："我闲不住。"

监护仪的警报声响起，林爱华蜷缩在化疗床上抽搐。他的小腿肌肉拧成了麻花，汗水浸透眼皮，恍惚间他嗅到了煤渣球场的焦油味。夏天。暴雨前。低气压。塑胶颗粒蒸发出刺鼻的气息。十二岁的前锋因高强度训练趴在球门线上呕吐，男孩的牙关磕出咯咯的响，回忆里的林爱华冲男孩吼："再坚持一下！"现实中的林爱华也想对自己吼"再坚持一下"，但最终只能咬住氧气管，任凭吗啡的浪潮将嘶吼溺毙在喉间。

周小燕用棉签蘸着生理盐水，在林爱华龟裂的唇纹间开土拓荒。他肿胀的舌头突然顶开棉球，含糊地迸出句："角球……防远射……"心电监护的波纹随之飙升，仿佛他胸腔里囚禁着整个球场暴动的观众。她笑着拭去他耳后的冷汗，说："你连昏迷都在排兵布阵啊。"林爱华在寒战中惊醒。周小燕伸出手，用掌心焐热他发紫的指尖。"那时候……小孩吐得胆汁都出来了……"他磕磕巴巴，语无伦次，前言不搭后语，忽然抓住她的手腕，留置针在摇晃，她知道他说的是那前锋，"可他硬是扑出了点球……就像……"

"就像你现在死磕着生命，死磕着命运，死磕着唐朝乐队，死磕着丁武，死磕着我。"周小燕拉过他的手，在手心的汗液里穿行，指甲写下"周小燕"三个字，"但这次，让我当你的防线，好不好？"她还有话没有说出来，被她困难地咽了下去，我想你好好的。

婚姻登记处的中央空调出风口积着灰絮，把复印机散发的臭氧味搅散成了浑浊的蛋清。登记员推了推镜腿上缠着胶布的老花镜，身后的铁皮矮柜顶摆着一些生育宣传手册，封面上儿童的笑脸被滴落的空调冷凝水泡成了一幅又一幅的抽象画。周小燕注意到登记员左手无名指有道戒痕，比婚戒的尺寸宽两毫米。周小燕签字时，笔尖划破了纸面，让她想起了自己锁骨下静脉埋管的触感，同样是钝器突破屏障的微妙阻力，同样是冰凉的异物感。

他们在更衣间分别换好合买的白衬衫，对着镜头，机械地微笑。登记员盖章的力道震落了文件筐里的回形针，像一场梅花雨。周小燕数着窗缝漏进来的梧桐叶，林爱华用拇指抚摸结婚证上的钢印凸痕，二人各怀心事。窗外的环卫车正在将碎叶的残骸扫走，枯黄的梧桐叶卡在车轮纹路里，发出爆裂声。植物纤维混合成棕色、绿色和黄色的雪。

林爱华来周小燕的家做客，周小燕从锅里盛汤给他喝。掀开盖子，海带排骨汤还冒着热气。周小燕母亲默默退出房去，留下空间给这对男女。林爱华和周小燕下象棋，周小燕皱眉道："你这马怎么走直格了？马得走'日'字啊。"说着，指着棋盘上偏离规则的棋子，又瞥了眼早已过了楚河汉界的炮，补充道："再说炮都过河压我老将了，可得小心应对了。"她化疗后新长的绒毛贴在额前，像只误入人间的雏鸟。

深圳最近很爱下雨，他们坐在窗边，一起慢慢喝汤，看着雨幕里的车流缓慢移动。暴雨倾城，铅灰色云层在楼群上方翻滚，像被揉皱的铝箔纸。闪电割裂天际，瞬间点亮了建筑外墙上的百万个楼面。雨滴撞击地面，形成一层层银白色的风暴，汇成的地下河冲开了窨井盖儿，蒸汽带着沥青味腾起。建筑的泪腺失控，眼泪齐刷刷连绵而下。老城区的筒子楼阳台挂满了翻飞的塑料布，像旗帜在风中呜咽。

林爱华的身体已经像被虫蛀的橡木一般，绝症晚期的侵蚀让颧骨锋利如刀，但举手投足似乎仍迸发着一种原始生命力。他苍白的指尖夹着棋子，青筋在薄皮下如暗河奔涌，因病消瘦的腰腹绷紧了上衣。化疗夺走了他的黑发，却让瞳孔显得更清亮。他干脆大刺刺把脑袋都剃光，一手捋过光裸的头皮，一手慢慢舀起汤，默默看向周小燕，周小燕瞬间耳尖充血，一种被猛兽凝视的战栗。这朵玫瑰快要凋零了，凋零却依然被他粗粝地演绎成盛放，任何牢笼都无法困住他。他的身体释放出一种奇异的矛盾，一面是生命力的坍缩，一面是生命力的野蛮扩张。周小燕鼻头发酸，垂下眼睛。

林爱华向她坐近了一点，手指在周小燕的衣服纽扣前迟疑。她透析后的皮肤像被雨水湿气浸透的纸张。衣服下百合花中吃草的一对小鹿，变成了关锁的园，禁闭的井。周小燕的呼吸带着药物的碱苦味，羞耻感涌了上来，她怕被他嫌弃，干脆别过头颅，但林爱华似乎浑然不觉，把她的脑袋扳了回来，向她靠得更近。她紧张地吞咽口水，感受到对方接近时，周遭的空气温度也在上升，像贴近了一个温厚的火炉，不自觉地闭上眼睛，想起童年建筑工地的暴雨夜，漏水的工棚，她的左边是父亲，右边是母亲，于是左右两边的空气温度也炙热起来，在暴雨之中。他的小拇指蹭过她锁骨下方被治疗灼伤的皮肤，那里有片指甲盖大小的硬痂，触感像足球场翻修的草皮碎屑。林爱华笨拙地抚摸，动作僵硬，像初次戴上了守门员手套。

周小燕摸着林爱华膝盖上一道可怖的伤疤，问他，这怎么来的？

林爱华顿了顿，停下了动作，说，小时候，我妹放学的时候经过了一个建筑工地，有几个工人喝多了，围上去欺负她。我妹大声喊叫，喊得声嘶力竭，终于是被我听见了，我去帮她。那几个工人跑了，他们中有一个拿钢筋下狠劲抽我，那钢筋上有锈，我差点感染死了。当然，命大，我没死，但腿上也留下了疤。

周小燕问他，什么时候？

林爱华说，那时候我十七岁，我妹十四岁，已经长得很漂亮了。

周小燕说，我是说，你还记得哪一年吗？她有些不易被察觉的颤抖，脸色变得晦暗。窗外，雨小了。

林爱华说，十六年前了，在东莞。我们小时候都在东莞念书。我妹回家以后就发了一场高烧，得了肺炎，差点死了，之后，身体就不好了。

周小燕说，有没有报警？

林爱华说，我妹不让。再后来，建筑工地拆了，工程完事了，这些工人毕竟是打游击战的，都走了。这事也就不了了之了。这个世界上，不了了之的事有很多，警察是管不过来的。

雨势渐收，城市的呼吸浅了。雨幕的褶皱收束，天空的裂纹里透出蛋白色的光晕，暴雨的鼓点转为即兴的散拍。楼体外墙上的水帘褪去湍急，柏油路面上，箭矢凌厉的攻势化作绵密的针脚，排水渠的咆哮渐次变成低哑的喉音。外卖骑手的倒影和云层的倒影、楼群的倒影一起在浅滩重叠，雨在私语，地上的塑料袋鼓胀如透明的水母。

周小燕突然翻身坐起，背对着他，说，雨小了，你回去吧。

林爱华被周小燕的反应搞得一头蒙，手在大腿上来回局促地磨蹭了一会儿，起身走到客厅，去和周小燕母亲道别。他不懂女人，只是觉得周小燕像太阳一样，照进他的生活。他不知道这太阳还能照他多久。

林爱华和周小燕的肾源匹配结果出来了，很顺利，好几个点都对上了。医生都感慨，这简直是天意。林爱华明显感到这天精神好了很多，晚上睡前洗漱，心情甚至还有一些小小的欢愉，结果洗脸时，发现眉毛也开始簌簌脱落。他不知怎么想起了读高中的侄女在自己面前背过的张孝祥的《念奴娇·过洞庭》，里面有一句说"短发萧骚襟袖冷，稳泛沧浪空阔"。镜面被水汽蒙成了毛玻璃，他用手掌抹出一个完美的椭圆，他把自己放进这个椭圆里。

他给周小燕发微信，说他们换肾的事要加快。周小燕却回复得冷淡。林爱华打了几个电话，追问原因。周小燕说，我来找你吧，我有话跟你说。

周小燕进屋的时候，看见林爱华的妹妹躺在被子里。身体像被衣鱼蛀空的古籍，肌肉萎缩的痕迹在薄被下盘绕，高高低低。她的关节因钙质流失，呈现出半透明质感。十六年前的暴雨夜，父亲裹着酒气回来，抱着母亲痛哭，说自己犯了大错。他磕磕巴巴地描述那个少女的身体，她的挣扎和恸哭带着岭南雨季的湿黏。母亲没有勇气责怪他，周小燕没有能力责怪他。周小燕只有十二岁。他们连夜逃走。巧合的是，那女孩的父母担忧女孩的声誉，没有选择报警，选择了沉默。直到父亲带着这桩沉重的秘密，从高空坠落。周小燕甚至不敢过多悲伤，她认为这是神的报应和指示。

周小燕说，我认为，我有必要在你把肾给我之前，告诉你真相。你有选择的权利。无论你做出任何选择，我都会尊重你。寂静中，林爱华清晰听见两个声音在唱《月梦》。一个是周小燕的哼唱，一个是二十年前录像带里的丁武。

那盆偷来的绿萝开始枯萎了，周小燕试着给它浇水，喊母亲搬它出去晒太阳，叶片反而萎得更快。最后一片绿叶掉落的下午，她突然能下床走动了。"回光返照。"她在当天的日记本上轻快地写下四个字。本子夹层里藏着没勇气写完的遗书，仿佛生命本身未完待续的破折号。她没有什么要交代的，也不知道交代给谁听，她想她是多么普通，多么轻，她的离开，也许掀不起一点点的空气的波澜。

镇痛泵的剂量再也压不住骨痛，疼痛失去了形状。某个午夜，她突然让母亲把手按在自己后腰，皮肤下的肾脏缩成了核桃大小的硬块，她问母亲，摸到了吗？她等不到了。母亲的眼泪滴在她脆化的肩胛骨上，发出轻响。林爱华消失很久了，她和母亲反而都感到坦然的平静。

最先苏醒的是听觉。消毒水的气味像钝刀，在切割她的鼻腔之前，她先听见了心电监护仪的声音。那声音如同卡在留声机纹路里的旧唱片，断续而固执。远处护士站的呼叫铃此起彼伏，像是从深海传来的阵阵鲸歌，很不真切。她甚至还精微地捕捉到了母亲手表的秒针走动声，那块父亲十年前送的腕表，不贵，发出啄木鸟的叩击。

指尖传来冰层破裂的酥麻感，输液管里流淌的营养液正在唤醒她的末梢神经。她试图蜷缩脚趾，却感觉足弓仿佛踩着柔软的棉花堆，阻力从膝盖漫向腰椎。冷汗滑进了颈窝，身体不可逆地走向混沌。睁开眼的刹那，世界是过曝的相纸。她费了好大的功夫，才把粘连的睫毛扯开。她的眼睛终于能追踪移动的物体时，她先看见了玻璃窗外的小叶榄仁，在风中摇晃，一片，两片，三片，无数片。

声带做出努力，她以为自己吐出了完整的句子，实际只是气音与痰液摩擦的喧嚣。当她终于能发出"妈"这个音节时，她发现自己的声音像久未播放过的旧磁带。这场苏醒，像剥开了一颗被冰封的洋葱。她从漫长的梦里醒来。

她的身体里，从此戴上了另一颗陌生的肾脏。这颗肾脏听见过守门员射门时胫骨与足球撞击的闷响，像未成熟的哈密瓜坠入棉田，这颗肾脏看见过后卫冻伤的脚跟踏在地暖上，融化成春分的溪流，这颗肾脏闻见过少年们的汗酸味，听见过少年们凌晨时输球的哀哭，这颗肾脏曾经握紧哨子，凝视老城的球场，亲手绣出简陋的训练服上的数字，在联赛的补时阶段读秒。这颗肾脏来自林爱华，是林爱华的肾脏。

林爱华停止化疗有几天了，居然想吃冰糖橙。父母找跑腿买来，看他用只剩牙根的嘴吮吸汁水。好甜。他说。他伸出手，示意父亲拉开衣柜，拿出他以前最爱穿的一件运动外套。口袋里有一张卡。他说，如果再碰到那个小儿麻痹的男孩，用卡里的钱，给他买一双带钉的球鞋。这是他最后一句完整的话。监测仪发出悠长的平音。医护沉默着撤掉管路，胶布撕离皮肤，发出轻响。

我的佳偶，你好像百合花中的一朵，我的良人在男子中，如同苹果树在树林中。我欢欢喜喜坐在他的荫下，尝他果子的滋味，觉得甘甜。

他带我入筵宴所，以爱为旗，在我以上。

求你们给我葡萄干增补我力，给我苹果畅快我心，因我思爱成病。

他的左手在我头下，他的右手将我抱住。

耶路撒冷的众女子啊，我指着羚羊或田野的母鹿嘱咐你们，不要惊动、不要叫醒我所亲爱的，等他自己情愿。

听啊！是我良人的声音；看哪！他穿山越岭而来。

我的良人好像羚羊，或像小鹿。他站在我们墙壁后，从窗户往里观看，从窗棂往里窥探。

我良人对我说："我的佳偶，我的美人，起来，与我同去！"

因为冬天已往，雨水止住过去了。

——《所罗门之歌》第二章节选

小叶榄仁的枝干像天工雕琢的乐章，在岭南湿热的季风中，翻涌成翡翠色的浪涛。枝丫如同枯笔勾勒的狂草，赫赫筋骨，气韵嶙峋。孟春时节，赭石色的芽苞中抽出鹅黄的新叶，铁血，温柔，本真。它又是规整的，秩序的，数学的。

医院的钢化玻璃映出无数匆匆而过的蓝白身影：轮椅上的老人，抱着化验单的家属，制服上沾着消毒液的护工。清洁阿姨顺手扫走了地上的几片落花，周小燕看见护士推着药品车经过，车筐里露出的半截绷带正随风摆动，像一只挥舞的手。

溪
山

三角洲布鲁斯歌王

　　他们第一次见面是因为一次跨年的读书活动。活动由蛇口一家书店的老板温树发起，已经办了六年，每周三晚上，他们在书店相聚，围绕几本特定主题的书，展开分享讨论。温树的店里还卖一些从各种渠道搞来的黑胶，也会随心播放一两张自己的挚爱。陈山其实不太懂黑胶，但后来，林溪告诉他，就是因为第一次去温树的店，听到了店里在放罗伯特·约翰逊的《三角洲布鲁斯歌王》（*King Of the Delta Blues Singers*），所以选择点了一杯咖啡坐下。这张唱片，不是罗伯特自己推出的专辑，而是后人为他整理的。有人说，罗伯特是在十字路口与魔鬼做的交易，把灵魂送给了魔鬼，允许魔鬼附在他的身体里，他的演奏，实际上是魔鬼的演奏。因为这张难搞的黑胶，林溪和温树的轨迹有了交点，从而和陈山的轨迹也有了交点。不过跨年这天，温树说自己不想上班了，早早关店，于是年尾的最后一场读书活动，场地选在了陈山的琴社。

他当时在和两位已经提前到访的朋友聊天，林溪穿着一身灰色大衣走了进来，提了一扎饮料，裹着冬日深圳的寒气。高挑，清瘦，像竹子，美从狭窄的形体中抽梢。林溪的脸又尖又短，像猫科动物，眼睛却大而圆，澄明，洒落，湿漉漉的，嵌在巴掌小的脸上。她看着像是还在上学的样子，太嫩了。他本不想用这个词，觉得有些亵渎的意味，但脑袋里第一反应就是"嫩"，眼神太嫩了。他忍不住站起身。其实每天进出他琴社的人太多了，他早已习惯得宜地接待，唯独见了林溪，有些惶然和无措。林溪对着他笑笑，把手上的饮料很自然地拿给他，他假装很自然地接过，心里却有些颤晃，像枝头有小鸟伫立。

他在茶室泡茶，隔着屏风看林溪，她在琴社的书架前踱步，不知道被什么书吸引了。他不禁微笑。先用沸水温茶器。这把壶是朋友送的，用的是四号井本山绿的泥料，茶壶看起来温润有光。然后注入沸水，选杯清洗。接着用茶漏置茶，他轻轻拍打茶壶，像哄睡一个小婴儿，当然，这样做更多是为了让茶叶睡得均匀。洗茶，注水。他每一步都很用心，注水时，不可太速，否则茶叶就要被冲跑出来了。过了一会儿，泡沫涌了出来，他用茶壶盖撇去，盖好盖子，再用沸水冲壶身，在热力的迫击下，茶香溢了出来。他将茶倒入公道杯，沉壶提手，均匀注入每只饮杯。

茶泡好了，他轻呼一口气，抬头，却发现林溪不知道什么时候站在门边，笑吟吟正看着他。她笑的时候，唇边跳出一只小虎牙，有些乖，又有些黠。他的心脏几乎要漏跳半拍，也许是被她默不作声的动作吓着了。

陈山说，这款茶叫"东方美人"，很适合你。

林溪问，是在夸我吗？

陈山说，当然。这款茶是有来历的，之前茶叶出口到英国，英国茶商就把这款茶送给维多利亚女王喝，冲泡后，茶色艳丽，口感也让人回味不已，又因为茶来自岭南，所以就取名为"东方美人"了。

陈山拿了一杯给林溪喝。林溪抿了一口，说，谢谢你。

陈老师，零食和水果都摆好了。你看要不要先入座？外面有人招呼。

他走出去一看，才发现几位客人已经把叫的外卖、水果、饮料都摆上桌了。外面开始放新年的烟花了，璀璨的光焰照亮了楼体。他想起了唐人李频的《湘口送友人》："零落梅花过残腊，故园归醉及新年。"

他们围着桌子坐下。陈山一开始坐在主位，其实更多是因为林溪坐在主位的右手边，他想离她近点。

陈山主动和林溪攀谈：你是哪里毕业的？我高中是翠园的。我也是在深圳长大的孩子。不过，我是十六岁才回来上学的。林溪很惊喜的样子，说自己是实验的，对他的态度明显热络了许多。她还想跟他聊聊自己的青春，今晚的最后一位客人唐斌走了进来。唐斌已经五十来岁，具体干什么的不知道，但也参加了几次温树书店的读书活动。陈山觉得自己再坐在主位，不太礼貌，干脆起身，让位给唐斌。他和林溪的第一场对话，就这样草率收场。

唐斌一入席，聊天就开始走向无趣的沉沦。他想到哪里说哪里，聊起文学、历史、哲学、政治，哪个都四不像。不过他说得最多。其他人做了几次插话的努力，发现不过是无效的挣扎，也都不约而同地默契作罢。林溪作罢得最早，她本来就不想参加这次活动，只是因为很早就答应了温树。她轻易不答应，答应了就不喜欢失信。她的注意力都在面前的车厘子和草莓上。

唐斌不肯放过她，冷不丁问她，你知道"孝庄"吗？唐斌一进来就注意到了林溪。她美得漫不经心，小脸白净，眼白也白净，甚至白净得发蓝，手指也白净，被车厘子和草莓的汁水染红了，于是指尖泛起暧昧的粉红。

"孝庄"？"小庄"？"嚣张"？她糊涂了。本来她就没认真听他们在聊什么，纤丽的手指捏着车厘子，车厘子也因为尴尬，变得更紫了。

唐斌挤出了一个意味深长的笑容，很高兴的样子，说，哎，我记得你是作家吧？你为什么不知道？

林溪很想反问一句，我是作家，我为什么要知道？但她忍住了。没必要跳进这种无聊的自证陷阱，更何况，人这么多，再过几个小时，就是新年，真犯不着为这号莫名其妙的人物给自己添堵。但她离场的决心却在车厘子尴尬的紫红里变得笃定。她眼瞅着这场读书活动也聊不出个所以然了，找了个蹩脚的借口，说要回家处理点事，起身和众人道别。陈山没想到告别来得这么突然，顿生不舍。他把这种情绪掩饰得很好，只是起身，张罗大家一起合照。温树也拿出了提前给大家准备好的新年礼物。几个人匆匆合了一张影。照片里，他悄悄站在林溪身后，林溪白得发光，他的牙齿倒是白得发光。

他没有想到林溪会主动加他的微信。他有了很多揣测，但都不敢细想，统统狼狈推翻。他喝了两泡茶，搓搓脸，才冷静下来。林溪的朋友圈暴露在他的眼前，像打开了潘多拉的魔盒。所有的噪闹都将尽数折腰于枝头灿烂的芽苞。林溪比他小，但名望已经比他大。林溪是少年成名，而他少年时还在村头玩泥巴。

林溪问他有没有推荐的印社，想刻一方自己的印章。陈山说，这个简单，我给你安排，我认识很多刻印的朋友。林溪说，不过玉石、印泥、字体怎么挑，我都不太懂。不是用于书画的，不需要太讲究，就是普通的姓名章。我还查了一下，这种性质的章，是不是叫"闲章"？

陈山说，闲章就是表达一些意趣、闲趣的章，姓名章、字号章一类属于比较正式的章。印章一般用篆书，分为朱文印和白文印。

陈山把朱文印和白文印的示意图发给林溪看。林溪说，我喜欢朱文印。陈山说，你看到的这款就是朱文印，是我的琴社的名字，"溪山"。

林溪问，为什么叫"溪山"？

陈山说，这个名字取自明末琴家徐上瀛的《溪山琴况》，是我国的一部琴论著作，你感兴趣的话，以后我们再一起慢慢了解呀。我以前叫"赓和斋"，清代有一本讲音律学的书，叫《赓和录》，就借用了。但是笔画太多了，我就换了。林溪说，原来如此。在林溪眼里，陈山和她过往认识的男人都不一样。他博学，含蓄，谦谨，温和，她不能自拔地坠入他的一双眼睛里，那双眼睛像一把上好的老琴。林溪说，那就麻烦陈老师了。那这种一套大概多少钱？你告诉我，我转给你。陈山手一挥，不要钱！能帮到林老师，是我的荣幸。

林溪顺水推舟说，真是太不好意思了，那我得请你吃饭。

林溪告诉他，她喜欢吃烤肉。他算是投其所好，推给林溪两家福田的烤肉店，其中一家，是一位韩国朋友开的，店面装潢也更符合小女生的喜好，清新，干净。果然，林溪很惊喜的样子，隔着屏幕，也能感受到她的雀跃。

林溪走进烤肉店的时候，身边的食客都纷纷看向她。她却浑然不觉，以一种柔力，粉碎了旧的容器。烤肉店的排烟管轰鸣如管风琴，她在他面前坐定，两排睫毛之间，眨着一盏灯。他的话一向不多，于是只是笑着为她烤肉，把新鲜的粉色的纹理清晰的肉片，一片片放在烤炉上，油汁轻溅，他的手背跟着刺痛，但又被林溪的笑安抚。林溪笑，他也笑，他们都不约而同用笑掩饰局促和好感。

他们那晚聊了很多，聊了很久，聊到烤肉的炉子彻底凉透，仍然意犹未尽，又换了一家茶咖继续。他在荷尔蒙的推动下，眼神蒙眬，像喝醉了一般，有些醺然。他们的关系如吟猱恰好，没有阻滞。"吟"是古琴弹奏中的指法，左手按弦取音，在指按处往复移动，上下不出三四分。吟之缓急，俱需圆满，少则亏缺，多则过繁。"猱"的手法和"吟"很像，不过力度要约过本位五六分，较吟则愈加疾，愈加烈。

林溪就像一张琴谱，他只觉得相见恨晚，神秘，美丽，太想读懂她。

　　林溪调侃他，你单身多久了？

　　陈山认真地说，很久了。

　　他其实也不是没想过成家，但他实在觉得这事不能急，急不得。他看人有自己的一套，琴社里每天来来往往的人很多，来来往往的女性更多，漂亮的更不少。他对外自嘲没有人看得上他，实则是他内心傲气，谁也看不上。他总觉得，她们珠光宝气的躯壳后面隐藏着腐朽的灵魂，发青，未熟，可能吹口气就会变成风沙，随风扬撒。

　　有个香港的女人，有段时间每周坐地铁来深圳找陈山学琴。喷花香调的香水，每次她坐在陈山旁边，陈山就觉得自己坐进了一丛花里。花朵吐着黏稠的涎液，想将他生吞掉。他视力很好，能看到她的眼线又黑又绿，大概是纹的，脱色了。眼纹往下坠落，鼻子和嘴唇也一起溃不成军往下坠落。他不知道她有没有小孩，但她主动告诉他，她离婚了。

　　陈山说，为什么告诉我这个？

　　女人说，喜欢你啊，我想和你谈恋爱。只要你不嫌弃我，我有健身的，我除了年龄大点。

　　陈山回应女人说，可是我不喜欢你，我不想和你谈恋爱。他把剩下的学费都退给了女人，让她不要再来上课了。

林溪说，为什么告诉我这个？

陈山没告诉林溪为什么。他对她一见钟情。她走进琴社的时候，灰色的空间都变得纯白了，里尔克的诗很应景："我是一根弦，／绷在嗡嗡作响的／宽广的共振之上。／万物是提琴的躯干，／充满咕咕哝哝的黑暗。"她的灵魂太纯净了，透出来的纯净。他不敢，胆怯，如果她没有加他微信，他真不知道自己哪里来的勇气，想要触摸她的灵魂。

一九八二年初冬，深圳布吉河畔，一百多辆军车，两千多节火车皮，开进深圳。陈山的父亲陈绍堂就在这支庞大的队伍里。一九七九年底至一九八二年，来自全国各地的两万多名基建工程兵先后南下深圳，参加经济特区建设，他们被称为"拓荒牛"。他们确实是来"拓荒"的，当时的深圳什么都没有。开创时期的深圳条件十分艰苦，他们经历了"人在床上睡，水在地下流"的艰难岁月。虽然政府拨款三千万帮助他们解决困难，但正规的住房和生活用水无法马上解决，他们只好在深圳湾畔的竹子林和白沙岭一带，用竹子和油毛毡搭个草棚，就近打井抽水，暂时安顿下来。战士们戏称他们住的地方是"竹林宾馆"。

陈绍堂的裤脚扎得老高，不让泥点子蹿上去。他们有时去田地里抓青蛙，抓来养着玩，解闷儿，或者烤了吃。抓到了就往裤脚里放，放几只，就把裤脚往上卷几层，再放几只，再把裤脚往上卷几层。回到住处，找只水桶来，放点水，把脚放在水桶上，小心翼翼往下松裤脚，松一层，往下掉几只青蛙，水桶里热闹得很。

两万多工程兵带了六千多名家属，但没有陈绍堂的老婆贾金枝。贾金枝一开始就没有跟着去。陈绍堂和贾金枝是父母介绍认识的，当时贾金枝梳两条黑漆漆的大辫子，梨形身材，上身纤瘦，下身却宽胖，大腿很壮实，一看就是好生养的身材，眼睛很大，鼻梁高挺，在卷烟厂物流车间做女工。她站在晒场的石碾上，红头巾被风掀起一角，露出柳叶眉下那双水杏眼。晒得微黑的脸颊泛着高粱酒般的酡红，碎花布衫下起伏的胸膛将盘扣绷成随时会炸开的石榴籽。陈绍堂丹凤眼，头发茂密像山林，宽肩窄臀，比例极好，高大健壮。感情需要窗户纸，小心翼翼，欲说还休地捅破才有意思，以结婚生小孩为目的赤裸裸走近，就是凭空抽走了窗户纸，即使是这样一对俊男靓女，也像受了潮的火柴，暴露答案的灯谜，剧透内容的电影。

贾金枝问陈绍堂，你平时喜欢干点什么？陈绍堂说，我喜欢游泳，游冬泳，咱们平安镇后面的几条小河，我都游过了。末了补充一句，你会不会水？不会我可以救你，当然我还是希望我永远用不着救你。说着还礼貌性地微笑了一下，露出一口白牙。

贾金枝若干年后回忆起这个细节，也曾恍惚过。她看见他白牙的时候，应该是心动了的。那个年代，有这样一口白牙的男人不多，说明他讲究口腔卫生。贾金枝也礼貌性地微笑了一下，算是对他这句承诺的回应。

贾金枝说，我平常爱跳舞，我这个人爱美，不知道你能不能习惯我的习惯。

陈绍堂说，有啥不能习惯的，习惯习惯，习惯的习惯的，可不就习惯了。再说了，咱俩早晚要钻到一床被子里，也不知道那时你能不能习惯？

贾金枝啐了一口，说你可真不要脸。

陈绍堂嘿嘿笑着，啥也没说，眯起眼睛，看向贾金枝，竟然觉得她娇俏可人，像地里的辣子，过瘾。

如果把中国版图看作一只赤冠金羽的雄鸡，喙尖衔着渤海湾的朝霞，尾羽扫过帕米尔高原的雪线，脚爪踏碎南海的浪涛，那么从雄鸡的心脏北京向西，要穿越河西走廊的羌笛，塔克拉玛干的风蚀雅丹，里海边的游牧马蹄，才能碰触到遥远的欧罗巴的地理边界。据说，19世纪前半期，欧洲有一位当红交际花叫劳拉·蒙特斯，与巴伐利亚国王路易一世有染，成为一八四七年巴伐利亚暴动的导火线。劳拉曾经发明了一种能点燃观众疯狂情欲的舞步，叫"毒蜘蛛"，令无数欧洲贵族、金融大亨、王侯政要都拜倒在她的石榴裙下。她对舞蹈一窍不通，但讽刺的是，她靠着绝佳的表现力，以舞蹈家的身份在社交舞台上活跃了很多年。每每灯光亮起，她总是轻点足尖，手臂如藤蔓舒展，红色裙摆曳动，烈焰裹挟星辰，她的腰肢是绞缠的蛇，是匕首，是蜜糖，是砒霜。

几百年后，球抛回到了中国四川的平安镇，贾金枝也爱跳舞，她在床下可以起舞，在床上也可以起舞。和劳拉爱用繁密的蕾丝挑起情郎的渴念一样，她虽然一辈子没有跨出过雄鸡的身体，但依然懂得任何时候都不能把衣服的领口开到肚脐上，即兴的错拍是对程式的嘲弄，春光大泄，反而寡味。要含蓄，她把小巧的脚藏在尖头的黑色鞋子之后，藏在曳动的长裙裙摆之下，也把床笫间的权力博弈牢牢掌握在自己手中。

陈绍堂和贾金枝就这样顺理成章地迈进了婚姻。他们在一床被子里倒是很习惯，所以一开始，婚姻也没有露出衰败的迹象。陈绍堂去深圳前，贾金枝给他生了一个儿子，没几年，不幸夭折了。之后，陈绍堂去深圳后数年，贾金枝才给陈绍堂生了第二个儿子，也就是陈山。贾金枝生第二胎很顺，一鼓气，腿一抬，细细扁扁茄子一样的陈山就挤了出来。

陈绍堂去了深圳，两个人开始聚少离多。贾金枝床上的事得不到满足，床下的事也往往要靠自己，赡养老人，教育小孩，在烟厂里上班，于是越发要强，遇到事情越发沉不住气，一点就炸。她带孩子也要强，有次骑单车载着陈山去平安镇上赶大集，陈山的脚已经卡进了单车里头，她在前面看不见，以为是自己力气不够大，火冒了上来，干脆站起来踩。农忙时节，她抡圆了竹耙横扫谷堆，金黄的麦粒暴雨般倾泻，在日头下织成一道愤怒的瀑布。布鞋底重重碾过晒场，新纳的千层底与地板摩擦出焦糊味。崩起的碎石划破了她的脸，血痕既像胭脂，又像刀疤。

陈绍堂在陈山十五岁之前，没回过一次平安镇，但贾金枝倒是带着陈山去深圳找过陈绍堂几次。不过见面往往不愉快，贾金枝爱急，急了就要动手，一动手就往陈绍堂脸上呼巴掌。陈绍堂忍得了一时，忍不了一世。本来二人的感情已经随着距离越拉越大，越发稀薄，见面还总要争吵，慢慢开始演变成动手，于是终于还是在陈山六岁的时候，陈绍堂提出了离婚。

陈山的记忆里，要么见不到父母，要么见到父母，就都是父母互相扯着衣领扭打在一起的画面。六岁往后的记忆，父亲消失了，再后来，母亲也消失了，只剩下陈山和爷爷奶奶。爷爷奶奶在平安镇住得不习惯，干脆把陈山带回了回马村。

十岁的陈山，常年沾不到肉腥，长得越发瘦小，肋骨已嶙峋得能当搓衣板用。陈绍堂从南方汇来的钞票总在邮差绿布袋里打个转儿，转眼就被爷爷填进了大伯陈明堂的赌债窟窿里。陈山和回马村的娃娃们都到了懂人事的年纪，娃娃们就开始在背后吐唾沫钉子，说陈山是没爹没妈的野孩子，带头的就是白六叔的长子白富舟。回马村的炊烟里常常飘着白家的腊肉香，陈山就蹲在门槛上啃玉米窝窝头，耳畔是白富舟带着油腥味的讥笑，野崽子啃黄泥巴呢？这个屠户家养出的少年，胳膊比陈山大腿还粗大。陈山却错过了青春期的发育黄金期，几个他都不是白富舟的对手。

白富舟和几个男孩把他堵在茅房，陈山后脑勺被按向便池边缘，像祭祀时羔羊的头颅被按进污槽。鼻腔灌入的不仅是排泄物的酸腐味，还有地缝里经年累月滋生的霉菌。瓷砖的冰凉透过棉质校服传入肩胛，陈山看见自己呼出的白雾在便池尿碱层上结出一层薄霜。白富舟的球鞋碾着他的耳廓，鞋底纹路与耳软骨摩擦，发出湿黏的声响，像蛞蝓爬过腐烂的菜叶。白富舟的手掌在他的后颈烙下五个滚烫的指印，这温度让他想起回马村杀年猪时，屠夫用烧红的铁钎给猪皮烫毛的场景。他们暴打他，指节撞击软组织的闷响裹挟着施暴者尚未彻底完成变声的嘶吼，在密闭空间里发酵成某种兽性。他能感到中腹一热，像冬眠的土蛤蟆被踩破腹腔。他们把拳头种植在他的胃部深处，那些拳头落在胃部时并非单纯的钝痛，那一刻他觉得他的意志、自尊、信念都肠穿肚烂了。

仇恨像毒草将他贯穿，但他没有任何选择。仇恨的毒草后来有一天长到了白富舟的碗里。陈山往他的碗里下了老鼠药，吃下那碗饭，他知道白富舟会和老鼠一样在地上扭曲着死去。老鼠药是他偷来的，淡粉色的颗粒在掌心流动，美得像颗粒分明的晚霞。下毒那日的清晨，他特意趴在食堂泔水桶边，观察了一番里面濒死的老鼠。那些啮齿类动物抽搐时脊柱呈现出一种奇异的反弓状，与白富舟打篮球扣篮时的背肌线条惊人相似。

林溪和陈山恋爱后，陈山才提起这件事。林溪靠在陈山的肩膀上，本来在吃着陈山剥的葡萄，听到这里，停下了往嘴里送葡萄的动作，轻声问他，那他最后有没有吃下那碗饭？

陈山说，他吃了，你现在就看不到我了。我把他的饭倒掉了，他回来看见饭没了，又把我打了一顿。

林溪不说话，只是腾出了干净的没有沾到果汁的左手，轻轻摸摸陈山的后脑勺，像摸一种犬类。

鸥鹭忘机

林溪问他，要不要去我的新书读书分享活动？林溪的新作不久前出版了。林溪一向如此，性情温吞吞的，事成之前，沉得住气。他喜欢她藏牌，喜欢她像一本永远也读不完的书。至少在某个阶段，她似乎永远也读不完。他开车送林溪，给她买了咖啡，放在杯架里。她把遮阳板和化妆镜打下来，对着镜子补口红，补完，微合上眼皮睡了过去。陈山开着车，不时借看后视镜的空隙，看看她的睡颜，像个没有防备心的婴孩。陈山十六岁到了深圳，上初二，被陈绍堂安排进了一所家附近的重点初中读书，一开始没有学位，只是借读，陈绍堂托人找了找关系，打点了一下关节。然而到了初二下学期，还是没有眉目。眼看就要初三了，陈绍堂急，他也急。于是陈绍堂带着他上门去找领导，问为什么。领导拐了半天弯，才说他成绩太差，怕中考会耽误学校升学率。陈绍堂不吭声，沉默了一会儿，说，领导，我这个儿子是从老家回来的，农村留守儿童，怪我以前根本没精力带他，教育这块就落下了。领导斜眼觑着陈山，没说话，眼睛里有复杂的东西在闪动。陈山低着头，弓着背，看自己的鞋子，鞋子是继母新买的，匡威，一双三百多。他之前在回马村穿的鞋子，一双三十块，逢年过节去平安镇上赶大集才能买新的。

陈绍堂继续说，要不这样，领导，你给我儿子一个学期的时间，假如这次期末考，他能考到年级前三十，就给他一个学位，你看行不行。领导估计也很惊讶陈绍堂的勇气，因为此前陈山的成绩在自己的班里也只能排倒数前三，现在陈绍堂竟然夸下海口，一个学期，换一个学位？领导点了点头。

陈山知道自己没有退路了。当然他最后也确实拿到了学位。因为他不仅考到了年级前三十，而且考到了年级前十。中考时，他考上了翠园高中，当时是深圳排在头部梯队的重点高中。这听起来像是天方夜谭，但是被他一个从回马村走出来的乡村小子实现了。他用的是爷爷教他的学习方法，把当天学到的所有知识，先在脑子里过一遍，像在脑子里张开一张网，再在陈绍堂面前过一遍。他后来知道了后者是"费曼学习法"。而陈山的爷爷，一个一辈子没离开平安镇的老爷子，无意间竟掌握了学习的奥秘。

他的普通话说得很差，乡音很重，平翘舌音不分，前后鼻音不分。但幸运的是他在翠园遇到了一位很好的语文老师。老师在课堂上讲眉山的苏东坡，讲阿坝州的阿来，他觉得亲切，也备受鼓励。他过往的哀痛，若放到时代的尘埃里来看，放到民族的史诗里去看，便显得不算什么了。苏东坡一生颠沛流离，还能说出"莫嫌荦确坡头路，自爱铿然曳杖声"，走到哪，吃到哪，连走到海南，都能发掘出美味的生蚝，还要写家书一封，调侃道万不可被别人知道世间有如此美味。他看了《尘埃落定》，若干年后，亲自跑了一趟阿坝州，了解到神秘的土司部落如何在历史风云的翻转中壮大，嬗变，游走，挣扎，最终在滚滚洪流中被吞没瓦解。繁华与落寞，热闹与冷寂，都是过眼云烟，终将在时间面前尘埃落定。他方才觉得自己如此渺小。《尘埃落定》里说，有时候聪明的人太多了，叫人放心不下。上天叫我看见，叫我听见，叫我置身其中，又叫我超然物外。上天是为了这个目的，才让我看起来像个傻子。

他觉得自己可以算得上是个"傻子"。林溪曾经说，跟你相处，我常常被你的至真至诚打动。我是高度敏感的人，有精神洁癖又很抠细节，但你竟然一直没有流露出偏狭、阴暗、丑陋，基本都做得如我的预期一般，我确实很不习惯，也因此有些不知所措和恐慌。陈山说，在这个充满偏狭、阴暗、丑陋的时代，品行端正反倒让人不安，想想也挺无奈的。很多前辈朋友跟我说，在现在这个社会，就得学会世故圆滑，其实我也不是不会，我是不屑，我讨厌这样。我宁愿像他们所说的笨拙一点，傻一点，度过这短短几十年。我记得我高中的时候读王阳明，他最后留下遗言说：此心光明，亦复何言？我觉得人这一辈子嘛，能做到问心无愧，也就没什么遗憾了。

他压根理解不了父母的婚姻。既然没有爱，为什么要结合？结合了，却并不幸福，最终抛下彼此，剩下一地鸡毛和碎片。母亲离开回马村，离开了平安镇，改嫁到成都，嫁给了一个做家具生意的男人。那男人，他的继父，他见过，膀大腰圆，皮带扣上叠着两个硕大的金属字母，好像是"L"和"V"，因为肚子太大，装了太多油水，皮带得松到最后一个眼儿，这环儿才能勉强围住。他抱母亲都费劲儿，但说来也奇怪，贾金枝改嫁给他以后，一点脾气也没有了，举手投足越发贵气。再后来，她给继父生了一个儿子，一个女儿。贾金枝挂念着陈山，给他买过不少名牌衣服鞋子，他摸也能摸出那些都是好货，但他不要，他宁肯做个穿三十块大集帆布鞋的"傻子"。

陈绍堂去了深圳，做工程兵，一九八三年九月，基建工程兵们集体转业，改编为五个建筑工程公司和一个市政工程公司、机电设备安装公司和基建职工医院。陈绍堂就在那五大建筑工程公司里，吃到了这波"南嫁"的丰厚嫁妆。再后来，陈绍堂又自己跳出去做生意，业余时间搞搞投资。因为赶上了时代红利，陈绍堂的人生路途从此好像踩上了风火轮，一路飞驰，火花带闪电。

他一开始甚至不知道父亲的名字叫"陈绍堂"，以为是"陈少堂"。十五岁的时候，父亲终于回了一趟老家，开了一辆庞大的黑色奔驰。这个车他认得，只在电视里见过，觉得这个标像个"人"字，很特别，所以记忆深刻。他知道这车很贵。陈绍堂在村头狂按喇叭，向他招手，他感觉像做梦。他以前看过湖南卫视的《变形计》，这个节目就是城市富裕人家的小孩和穷乡僻壤的乡村小孩互换家庭，体验对方的人生。一般来说，选的城市小孩多有不良生活习惯，需要丢到青山绿水里净化，节目美其名曰"再改造"，乡村小孩也趁机体验一把城市繁华。他看这个节目的时候，也无数次幻想自己有一天可以被带进城里，接受再改造。没想到在他十五岁时，梦想照进现实。他亲爹开着一辆大奔，穿梭在青山绿水里，还冲他鸣喇叭。

他一开始不知道那男人是谁，真是完全对不上自己记忆中的脸。记忆中的陈绍堂，是剃着寸头的"陈少堂"，挽着裤脚，裤脚上还有泥点子，爱穿一双蓝色塑胶拖鞋，或者黑色雨靴，这都是为了下地干活方便。老家尘土大，穿什么都不方便。他抱陈山的时候，身上一股廉价烟臭味，混着汗臭味，反正就是臭。现在，从车上下来一个干净、芳香的男人，摇身一变，农村小子"陈少堂"变成了城里人陈绍堂。干净，是因为他穿一件白衬衫，抹着大油头，下面是笔挺挺的灰色西裤，脚上蹬着一双擦得锃亮的皮鞋。芳香，是因为他走到陈山面前的时候，带着一股浓烈的香味，不难闻，但可能陈绍堂喷太多了，很呛。他后来才知道，那叫"古龙水"。也该他享福，他这人脑子灵光，知道上个世纪末的深圳遍地都是钱，肯弯腰，又知道怎么弯腰，捡得盆满钵满，也在情理之中。大伯把他拉过来，指着那人说，看，那是你爹，认得不？

十五岁的他摇摇头。

陈绍堂笑了，露出一口雪白的牙。这牙真值得再反复说道。当初就是这口大白牙，迷住了陈山的亲妈贾金枝，后来，生意场上，这口牙，也变成了陈绍堂的敲门砖。这牙看着就不是红土糊糊里能拔出来的，是红酒和雪茄灌溉出来的，一排一排，仿佛整齐的白萝卜。陈绍堂的笑容里都是松弛，钱堆出来的从容。他说，没事儿，哥，我带陈山上车遛一圈，他就认得我了。

陈山一屁股坐进车里，关车门的时候，感觉手都不是自己的，那个冰凉丝滑。陈绍堂问他，要不要去兜个风？去你同学面前转一下。他心儿狂跳，几乎要从嗓子眼蹿出去。他点头，说可以。他指名道姓，专门要他老爹绕到白富舟家门口。他老爹瞟了他一眼，又露出了大白牙，然后迅速收了回去，什么都没说。陈绍堂想，八成是要和小伙伴炫耀他爹的车。陈山想，我要让白富舟第一个知道，我有爹。陈山没看到白富舟家有人出来，但他感觉得到白富舟的视线，炙热地从他睡觉的卧房窗户里射出来。陈绍堂这车动静太大了，村里人都被惊动了，他们不可能不知道。

陈绍堂没在回马村待太久，就说要先走，要回深圳办点事。这事儿一办就是一年。一年以后，陈山跟着过去，车票还是陈绍堂给他买的，一开始说要给陈山买机票，陈山没坐过飞机，说不用了，省点钱吧。其实他是害怕。他长这么大第一次出远门。

来深圳那天，陈山拖着行李，头发盖过耳朵，胡子野生而茂盛，不过，头发和胡子都浣洗得很干净。于是他看上去既体面，又不太体面。陈绍堂和继母来深圳北站接站。继母圆脸盘，额头丰隆，鼻子肉肉的——他后来才知道，这种叫"旺夫相"。继母穿着很考究，他看不懂牌子，但知道那连衣裙看着就不便宜，布料亮得像回马村头的小溪，在阳光下发光。脖子上叠戴着小拇指头粗的金珠项链和一串海水蓝色的珍珠项链，手腕上各挂着一个玉镯子和一个金镯子。父亲把头发全部向后梳，用发胶固定，整个人很精神的样子，还是穿着衬衫，换了一件灰的，皮鞋也换了，上次是棕色，这次是黑色，皮鞋的头尖尖的，好像童话里巫师的靴子，打了蜡，和继母的连衣裙一样，也在阳光下发光。

继母热情洋溢地举着一个牌子，上面写着："欢迎陈山回家！"

不过，真的是"回家"吗？

　　陈绍堂按门铃，然后转头笑着对他说，给你准备了一个惊喜。陈山的期待顿时被勾了起来，他也好奇，是什么样的惊喜藏在门后。门开了，是陈绍堂的岳母，继母的妈。她看见他们，很欣喜的样子。陈山看着这位陌生的奶奶，想起了自己的奶奶。不过，自己的奶奶又黑又瘦又小，手一看就是劳动的手，像揉皱了的报纸，延伸出迷蒙的纹路，手心起着发黄的茧，冬天还有冻疮。眼前的"奶奶"皮肤白得像凝固了的猪油，还戴着绿色的圆珠项链，手指上有硕大的金戒指，金戒指上也镶嵌着巨大的绿色球珠，他不知道这个绿色球珠到底是什么，只感觉它绿得幽静，水汪汪的。"奶奶"握住他的手，问他，饿不饿，渴不渴，已经做好了饭。"奶奶"的手很滑嫩，跟奶奶的手完全不一样，感觉像蛋羹。"奶奶"一转头，叫道，琳琳，出来了，哥哥来了。他大惊，一转头，陈绍堂和继母把门已经带上了。他的心跳加快，气喘不上来，他感觉自己像一头困兽，被这几个人围住了。"奶奶"口中的"琳琳"也跑了过来，原来她就是陈绍堂口中的"惊喜"。他才看清，原来是个五六岁的小女孩。长得和他很像，不，应该说，长得和他们共同的爹陈绍堂很像，很乖巧的样子，笑起来有一对小酒窝，还有个美人尖，遗传了继母的美人尖。他脑袋里乱糟糟的，有些反应不过来。

陈绍堂说，这是妹妹，叫陈琳。他还没来得及反应，陈琳已经热情地抱住了他，喊了声"哥哥"。她小手有汗，黏糊糊的。

来到新家的那个晚上，他失眠了。想了很多很多。想起爷爷，想起奶奶，想起童年，想起白富舟。他多希望自己是一个杯子，可以简单地把杯中的液体倾倒出去，都倒光，倒空。但是他毕竟不是杯子，他是一个活生生的人。是人，就意味着有思想的束缚。

林溪问过他，你恨不恨？

陈山说，不恨。我把自己早就排空了。现在很少有人能影响到我的情绪。

林溪笑笑，我呢？

陈山说，你算一个。

刚到深圳那段时间，他经常流鼻血，可能是水土不服。继母给他煮了芥菜蜜枣汤。新鲜芥菜洗干净以后切段，和几粒蜜枣一起丢进砂锅，清水完全没过食材，大火煮沸后转小火慢炖一个钟头，等到芥菜叶软烂，就可以盛出来喝了。有时，继母会把清水换成椰子水，口感更清甜。或者做绿豆炖黄鳝。活杀黄鳝，去除内脏后，尾部割开放血，滴进煮沸的绿豆汤里，等到血花凝固，整条入炖，去骨后，催他连汤喝下。

继母是真的用心了，可惜他还继续流鼻血。继母就带着他跑深圳的几家综合大医院。他一开始很不自在，但奈何父亲实在太忙，这些事都交给继母去做了。他半夜醒来，竟然发现继母还在给他煲汤。半夜，总不会是演戏了，而且父亲出差了也不在家，没有观众，谈何演戏？陈山从此没办法再恨继母。她没什么错，父亲离婚后才遇到她，她合法合情合理。如果仅仅因为她和父亲结婚生女，就把自己童年的苦都尽数归咎于她，未免太残忍。陈山很小就学会了课题分离的功课，所有的事都可以分成三件事：老天的事，别人的事，自己的事。父亲和继母在深圳认识，继母本来是在法院接电话的，一次饭局上认识了陈绍堂，二人一见钟情。陈绍堂高大英俊，那些年保养得很好。他自从来了深圳，把自己收拾得很体面，很时髦。继母比他小六岁，微胖，但这种丰腴是陈绍堂喜欢的。主要是她没什么脾气，和贾金枝完全不一样。

二十岁那年，陈山皈依道教，入的是净明忠孝道。山顶之上，道观的外墙上爬满了爬山虎，道教的师父站着看他。师父明明个头不高，看上去却格外遥远，点化他，日日都要修道，修你的心念，修你的行为，本净元明，真忠至孝。他日日打坐，谨遵忠孝廉慎宽裕容忍之道。仇恨的波涛在胸中翻滚，窗外是深圳的暴雨。他于雨中静坐，半日不成，坐整日，整日不成，就坐月，坐年。道之在我者就是德。道之在我者就是德。道之在我者就是德。他反复念诵，眼泪成行。

白富舟如何撕碎他的自尊，他现在就得弯着腰一片片拾起缝补。那些少年的身影在记忆里已经模糊成碎影，看不真切，影影绰绰，蒙着郁郁的水汽。水汽吞噬他的笑脸，枝头上的鹰，村口的井，井上的藓，地上的土。冬天，他打着火把上学，山路十八弯不知道有没有，但弯肯定不少，手上都是冻疮，溃烂了又好了，好了又溃烂了，一进暖烘烘的室内就钻心地痒痛。彼时，身上流着一半和他一模一样血液的陈琳，正在一千多公里以外的深圳，读着深圳最好的幼儿园，制服烫着双层的花边。后来又读了深圳最好的小学，穿白蓝相间的校服，用双层文具盒，一打开可以在上面放好多小玩意儿，买成套的芭比娃娃和过家家套装，放假了被带去国外游学，过生日拍全家福，头上扎着波点蝴蝶结。他怕被欺负，自己捡了木棍，做成双截棍，中间是用旧鞋带连接的。他十五岁以前从来没穿过校服，都穿自己的衣服，自己的衣服是捡了堂哥不穿、不要的。他的文具是来支教的老师奖励给他的，铅笔一直用到笔芯完全隐没在木头里才舍得削，这样能最大程度保证不浪费。但来深圳后，他发现每次陈琳的老师奖励了橡皮和贴纸，她回家后总是第一时间找陈山，说要送给哥哥。他偶尔因为犯错被陈绍堂训斥，也总是

124

陈琳跑出来，挡在他前面。陈绍堂宠着这个小女儿，往往只能作罢。陈琳最喜欢小熊维尼，和同学出去玩，买了个流行的"盲盒"，一打开，发现是小熊维尼，于是很高兴地拿回家，要送给他。陈琳后来出落成了个水灵灵的大姑娘，更漂亮了，在学校里开始抓人眼球了。爱看名侦探柯南、卡尔维诺和基耶斯洛夫斯基，大大小小的小熊维尼公仔就在手边，黄河和离婚对她来说还很远。他面对她，就像看到双面绣，就像看到毕加索的抽象画，他不知道该用什么角度去看。他能做的，就是在陈琳读大学前，带她去买了电脑、平板、手机。陈琳很高兴，和小时候他用压岁钱送她芭比娃娃和过家家套装时一样高兴，挽着他的胳膊说，谢谢你，哥哥。

陌生的，精致的，衣冠楚楚的陈绍堂，袖手不管他，漠视他，却出现在陌生的女人和陌生的小女孩身后，留下凝固的幸福灿烂的笑脸。少年时，他因高烧在梦中痛哭，抽搐，皱紧眉头，梦里父亲回来了，抱紧他，安抚他。他醒来才发现，抱紧他，安抚他的是爷爷，爷爷身上总有一股药酒的味道。爷爷喂他喝下中药，温热的，辛辣的。爷爷不认识字，但每天都要检查他的功课，喊他，山娃子，你把今天的功课，都跟我背一遍，说说老师都讲了什么。陈山背完，爷爷就会变戏法一样从口袋里摸出一把花生，塞到他手心里，笑嘻嘻的，胡子上偶尔也有零零星星的花生红皮儿。

他的鼻血慢慢不再流了，也考上了翠园高中，深圳的重点高中之一。然而陈山在学校里很受排挤，被视为怪脾气的异类，也许这就是今天说的"校园霸凌"。他几乎不参与任何集体活动，所有的时间，都在跑步，要么去家后面的山上跑，要么去操场跑。他希望自己更强大一些，青春期的他无力对抗内心的孱弱，他能感受到自己的孱弱。他常常因为自己的孱弱而感到愤怒，恨不能将自己撕碎，重组。

　　高考那天，他拒绝了父亲提出的接送，自己坐公交去的。当他从车窗的倒影里看见继母、陈琳、陈绍堂一脸和谐的笑意往后退去，他感到释怀。他们越来越小，小到彻底消失在视野的盲区尽头。

　　成绩出来后，他盯着老式台式机的屏幕很久，没有动弹，像一座钟。语文一百二十多，数学一百三十多，物理八十多，化学九十多，但生物只有三十多，英语四十多。他填了一些像样的志愿，但在"是否服从调剂"一栏前面，都填了"否"。他不出意料地滑档了，后来又喧嚣地补录，一片混乱，一片迷茫，一片挣扎。只有他的心境清明如水。他最后被东北一座小城的学校录取。他想离这个"家"远一些。

　　心里的声音问自己，后悔吗？

　　陈山说，我不知道。

陈山抬头看着台子上坐着的林溪。深沉的生命，重新进入广阔的河岸，进行一场自我捕捉，自我逃离，自我解剖，自我审视。那舞台上的女孩阐述她的创作观，阐述她如何顶着急性支气管炎在雨水滂沱的城市和乡野之间行走访谈。她的金饰在灯光下令人目眩神迷，脊背笔直得像橡树插入云天。庄周形容那位住在姑射山的神，这样讲道："藐姑射之山，有神人居焉。肌肤若冰雪，绰约若处子。不食五谷，吸风饮露。乘云气，御飞龙，而游乎四海之外。"

　　她和他逛公园的时候，盯着公园里一条条歪歪扭扭的小径，谈起博尔赫斯的《小径分岔的花园》，他接不上话。他读经史子集更多，外国文学知之甚少。她说路易斯·兰德罗是西班牙的"陀思妥耶夫斯基"，他敲打人类的灵魂，心脏，眼睛，嘴，脸，肝脏。她让他去读读他的《细雨》。陈山呆呆的，问，这是你说的？林溪笑，我哪有这么厉害，这是曼努埃尔·比拉斯说的。聊马洛依·山多尔的《烛烬》，聊《黑郁金香》和《红字》，还有她小学就读过的大部头《约翰·克里斯朵夫》，从此启蒙她走上钢琴的道路。他统统不知道，但他清楚，林溪毫无炫耀的意味。她的灵魂干净又孤独，她寻求认可和欣赏，寻求黑暗中的两只手紧紧交握。

春膳和春山

　　场面出现了些许骚动，他从思绪中抽离，才发现，原来是林溪被一位男性作家刁难了。已经到了互相提问环节，主持人介绍规则是由三位作家先后互相提问，其中一位男性作家已经白发苍苍，也许出于一种绅士风度，手伸向林溪，说，小林，我先向你提问。林溪也扭转身体，看向老先生。结果这引起了另一位中年男性作家的不满，忍不住打断老先生，怎么我一个大男人坐在这里，你非要先提问一个女的啊？我倒要看看你的提问多有水平，哈哈。他笑容满面，以示自己是在开玩笑，不过老先生没说话，林溪也没说话。"一个女的"，这个词真有意思，在场观众一片哗然，所有人都看着林溪，陈山也看着林溪，暗暗替她捏把汗，但林溪不动声色，很平静的样子。她一向如此。

　　老先生沉吟片刻，问了林溪创作过程中的一个问题。林溪淡然地说了起来，她讲得绘声绘色，又添加了不少有趣的细节。不一会儿，现场读者就举手提问，都想离这位作家更近一些。

　　轮到中年男性作家向林溪提问了，他摆起自己的冠羽，很振奋，很精神地提了一个相当有水平的问题。他说，林作家，你有没有谈过恋爱，有没有相过亲？相亲或者谈恋爱的时候，你会告诉对方你已经是个小有名气的青年作家了吗？

陈山拳头攥紧了，真想冲上台揍那张肥大圆的笑脸一顿。但他不能这么做。他在活动前也答应了林溪，假装两个人不认识，但他会在暗中保护她。

林溪沉吟了片刻，笑着看向他的方向，说：第一，我没有相过亲，我想我也不需要相亲；第二，作家身份对我来说就是一件稀松平常的事，并不需要特意标榜，我想谈恋爱前，我也会主动告诉对方我是个作家，看看他的反应，能成为我另一半的人，会和我一样，认为这只是一件稀松平常的事。

读书分享沙龙结束了。陈山紧张地跟在林溪后面，不敢离她太近。她此刻正被记者和工作人员簇拥着，做最后的收尾和交接。直到拐到一个没有人的角落，林溪突然转头，笑嘻嘻向他走来。两手背在身后，顽皮得像小孩。

林溪问陈山，怎么还在发呆？还不离我近一点？

陈山木头木脑地说，我不敢，你不是说不要让那些人看见我吗？

林溪说，哎呀，哪里的话，工作交接的时候可能顾不上和你聊天，但现在散场了，你离我近一点没关系的呀。

陈山很高兴，赶快走几步跟了上去，问她，饿不饿，要不要去吃饭？我刚看了好几家餐厅。

二人在一家餐厅坐定。陈山选了一家创意菜。这家餐厅有两层，一层位于市政道路的上坡处。门牌很干净，米色的底上写着餐厅名字。巨大的窗口探出一棵海岛春花，旁边堆着几块怪石，怪得新奇，怪得合适。楼梯分成四跑，第一跑结束后是这家餐厅的一个展示区，展示了很多用植物染料做的帆布袋、丝巾、挂画。第二跑尽头是一个洞穴，里面还置放了几个瓦器，瓦器里插着三两株新抽出枝叶的植物，角落里还有一盏很有设计感的灯具，据说是老板从意大利带回来的，里面插着一根奶白色的蜡烛，烛焰倒是清澈。第二跑的空间里有一股淡淡的奶香，和蜡烛的奶白相得益彰，但这种奶味又不呛人。在楼梯第三跑的拐角处，林溪骤然发现，原来一二层的空间在这里打通了，一层是茶室，二层就是餐厅，一层茶香幽幽，二层是食物的丰美气息，都令人踏实。这家餐厅的空间设计令林溪着迷，她抱着肩膀，细细观察了很久。

　　陈山看向林溪。她戴了一串南洋金珠项链，耳朵上也挂着两颗南洋金珠，一件简单的黑色半高领短袖 T 恤，下面是一条柔软的灰色西裤。

　　陈山问林溪，你喜欢建筑吗？

　　林溪说，喜欢，喜欢贝聿铭。他参与设计的日本美秀美术馆 MIHO MUSEUM，我曾经去过，将东方文化和西方建筑理念完美融合，设计理念来源于陶渊明的《桃花源记》，他设计这座建筑，目的也就是想打造一个远离尘嚣、充满诗情画意的世外桃源。

陈山说，这么巧，我也去过，我之前有带学生去讲学，经过了那里。美术馆百分之八十的建筑都隐在山里，美术馆前的山谷被特意保留，象征着通往桃花源的必经之路，与周围的自然景观融为一体。我们需要穿过隧道，跨过桥梁，才能进入美术馆。

林溪微微笑道，你知道那个桥梁的灵感是什么吗？

陈山说，不知道。

林溪说，灵感来自中国古代的廊桥。

陈山说，那你看过《廊桥遗梦》吗？

林溪说，当然，我很喜欢。"这么确切的爱，一生只有一次。"

陈山说，人的一生，恐怕没有多少次六十秒的红灯。

林溪的话，是电影里的台词，陈山的话，是电影里的场景。林溪心跳得很快。这家餐厅巧妙地利用了自然光线，利用玻璃屋顶和墙壁，将光线引入室内，营造出明亮通透的空间感。自然光线柔和地照在陈山脸上，显得他的五官也柔和，照在他的声音里，显得他的声音也柔和。

林溪说，你的眼睫毛好长好密啊。

陈山笑了，打趣说，那我用不到睫毛膏了。

二人继续向二楼的餐厅走去。二层空间是常见的框架结构，大面积的落地玻璃窗给客人们提供了很好的观景视野。能看得出，餐厅在设计上努力打破规整的矩形平面，将整个平面的玻璃肋进行了四十五度角斜向交叉划分，随之形成的四周破碎的三角形空间却无心插柳，满足了一座一景的需求，用老石头和植物在这些空间造景，将劣势转化为优势。

陈山示意林溪抬头仰望，你看，像不像一个小胶囊。这种设计灵感来自中国古建筑的装饰性木结构顶棚——藻井。

林溪说，你怎么知道得这么多？

陈山说，因为老板是我朋友，当初他设计餐厅的时候，我也参与了，我还帮他设计了营销方案。

林溪很惊讶的样子，你真的是学古琴的吗？

陈山笑了，露出一口和陈绍堂一模一样的白牙，说，不是，我不是科班出身，我是学计算机的。

服务员指引二人拐过了一面屏风，在座位上坐下。林溪摸摸屏风，说，这种屏风好特别。陈山说，是的，看着很像纸糊的吧？其实是在玻璃上粘贴了西双版纳的手工纸浆，为了营造更加拙美自然的效果。

林溪说，真好啊。

陈山笑笑，给林溪斟茶，说，这也是这家店的招牌之一，苹果山楂煮茉莉红，据说是企图还原北平味道。喝喝看。点菜吧。

林溪边看菜单边问，今天的活动，你觉得惊讶吗？她低着头，露出了一截雪白的脖颈。

陈山说，不惊讶，但我担心你。

林溪抬头，看到陈山的眼睫毛在光的照射下，投在脸上，形成一排阴影。

林溪没有正面接话，话锋一转，轻轻提起了一个人。林溪告诉他，自己曾经被一个"私生饭"一样的男人纠缠了三年。他们从未见过面，那个男人混迹在市作协的群里，加了她的微信，一上来就发了几百字的小作文，自报家门，说自己是媒体评论员，希望和她"互换资源"。林溪本能地厌恶这种功利的恶臭，掩住口鼻，都能闻到屏幕对面男人散发出的汗水气息。她拉黑了他，谁知噩梦就这样开始。这个男人陷入极致的偏执，换各种号码加她微信或者发短信，甚至拿到了她的家庭地址，要给她快递水果和电影票。她气得在派出所的大厅里质问对方，家庭地址从何而来，对方振振有词，说你自己填资料不小心，自己暴露的，我不过是正当渠道正当获取。林溪说，最后我直接问他，你想干吗？他说，我想追你啊。她也是那一刻，才终于懂了这场持续三年的闹剧是怎么回事。

陈山也没有问她为什么先言他物，而是顺着她的话问她，后来呢？你是怎么办的？

林溪淡淡笑着，其实我那时候有男朋友，我一开始真没搞懂他的意图，不然我早就告诉他我有在谈恋爱，不就堵死他的路了吗？我真的以为就像他说的，就是"利益交换"。我当时年纪小，就是纳闷，怎么这个人这么偏执，明明说得很清楚了，我不想和他做利益交换，他还是纠缠不放。然后搞到我家地址，还要倒打一耙，怪我误解他，说都是我自己暴露的。三年来，隔三岔五就追一条短信、追一封邮件约我出来见面聊。鬼知道我最后报了警，才知道他想追我，太"傻叉"了。

林溪说到结尾，越发激动，脸红彤彤的，像一只暴躁的小兽。末了，林溪觉察了自己的激动，抬头看向他，有些小心翼翼，说，不好意思啊，我有些激动了，别见怪。我平时也不爱说粗口的，真是见笑。林溪有些羞怯，又有些气急，不知不觉间，脸更红了。

陈山说，怎么会？这狗东西就是"傻叉"啊，不要怕，我也说了粗口，林老师，这里不是学校，我们扯平啦。

林溪笑，说，谢谢你。

服务员上了几盘菜，山茶油玫瑰蘑菇盐，冬菜灯笼椒蒸东海黄鱼，酒浸火腿蜜瓜，时令烤蔬菜，油封鸭腿菜饭。

林溪说，太多了，等会儿吃不完了。

陈山说，没关系的，今天林老师的读书分享沙龙很精彩，我在下面都听入迷了，必须庆祝一下。

陈山给林溪夹了一筷鸭腿，说，这是改良自老南京的菜饭，有咸肉、腊肠、腊鸭、黑米、羽衣甘蓝，鸭腿比较特别，是用西式的低温油封法制熟的。看看合不合口味。

林溪咀嚼着鸭腿，说味道很好。又拿起新上的一杯饮品说，这杯有意思。饮品上挂着个标签，写着"蒲风"。

陈山说，醉来扶上桃笙，熟罗扇子凉轻。一霎荷塘过雨，明朝便是秋声。

林溪说，项鸿祚的《清平乐·池上纳凉》。

陈山说，刚才说到哪里了？后来呢？

林溪说，我当时年纪小，性格又比较独立，从小就喜欢自己扛事，竟然一直没跟家人讲。后来家人查到了他是政府单位的，直接具体到部门。我爸也打电话警告了他，我也给他打了通电话，告诉他，我有男朋友，而且我厌恶他到了极点，让他彻底死心，我最后告诉他，别惹我，惹毛了，不管其他人，我先弄死他。他疯，我比他更疯。

林溪也不知道为什么自己在陈山面前总是这么肆无忌惮地做自己。他似乎有一种魔力。她感觉他像南意的阿马尔菲海岸，漫长的悬崖海岸线，宁静。她还记得和家人从卡布里到索伦托，再到波西塔诺，那个夏天是柠檬味的，一路上的风里好像都有柠檬的味道，清爽，酸甜。她想溺在那片海里，浪费一生的美好时光。

陈山又说，那现在彻底解决了没有？也就是说，后来还有纠缠吗？没解决的话，我有办法帮你。

林溪说，你有什么办法？

陈山说，你刚才不是告诉我他是政府单位的吗？我就有渠道接触到他的领导。这是一。其次，我会剑术，会咏春，打他一顿，或者叫几个人一起去打他一顿，也没有问题。

林溪说，谢谢你，暂时不用啦。

陈山说，吓到了吧。他看她的目光软得像看小孩。

林溪说，我还怕告诉你这件事，我的反应和处理问题的方式手段会吓到你。

陈山说，怎么会，你这是正常反应。我只是心疼你的遭遇。

林溪说，其实遇到这些事，一开始肯定是不知所措的，匪夷所思的，愤怒的，不解的，年轻嘛，经历得少。但我后来也想明白了，其实我还挺感恩老天给我这些课题，要我去修习，修习我的心态，修习我为人处世的状态。

陈山说，没事，以后你的所有活动，我都会去。我刚在网上搜到了那个男人，记住了他的脸，只要他敢接近你，我就会第一时间来到你身边。我自愿做你的保镖。

林溪也笑，谢谢你。你怎么没有问我男朋友的事？也没有问我今天的事？

陈山说，你想说的时候，就会说的。不说，我就不问。他平常话很少，这是他第一次流畅、清晰地说了这么多。林溪紧紧盯了他一会儿。他有些不自在，严肃的神情收敛了，忍不住笑着问她，你一直看我干什么？

林溪扑哧一笑，手捂着嘴，调侃说，你像那种多年在山中修道的高僧，常年与世隔绝，不食人间烟火气。有一天，山下跑上来一个小仙女，狐狸变的，每天都要缠着高僧。高僧道心大乱，只要小仙女接近他，就心跳加速，像被施了符咒，动弹不得，说不得。

陈山问林溪，那你觉得，小仙女喜欢高僧吗？

林溪笑眼弯弯，我不是小仙女，我怎么知道鱼之乐？

陈山说，可是高僧应该很喜欢小仙女。想了想，又补充，高僧甚至应该很想和小仙女结婚。

林溪说，高僧也太容易动心了吧。

陈山说，高僧一点都不容易动心。你刚才都说了，高僧多年在山中修道，常年与世隔绝，不食人间烟火气。

林溪说，高僧为什么想和小仙女结婚啊？

陈山说，高僧可能也不知道，可能就是看到小仙女就觉得，这辈子错过会有遗憾。

林溪问，如果高僧不能和小仙女结婚呢？

陈山说，那高僧就干脆归隐。

林溪又笑，说如果小仙女死了呢？

陈山脸色骤变，忍不住上手捂住她的嘴，急忙道，别胡说！

林溪在他的手掌后面大笑，牙不小心磕到他手心里，热热的，痒痒的，尖尖的。

陈山正色，高僧可能会一直枯坐吧。高僧可能甚至不会哭，就是一直枯坐，没有眼泪。

林溪惊呼，哇，高僧不会是妻子死后，鼓盆而歌的庄子吧？

陈山露出了难得的笑容，你还知道庄子鼓盆而歌呢？性质不一样，高僧没有那么超脱，他可能只是太累了。

他确实很少流泪。十五岁的时候，他看着爷爷在他面前咽气，从那以后，遇到再伤心的事，都流不出眼泪了。

陈山看着窗外摇曳的树，慢慢陷入记忆。陈山的爷爷身体一向硬朗，扛猪草，下田地，劈柴火，没有爷爷做不了的。家里不过年的时候，肉腥少，但只要他馋了，爷爷就会变着花样给他做观音素麻花、烤红薯、青豆肥肠。当然，因为营养不良，他的个头一直不高，人也瘦小孱弱。长不高，加上父母不在身边，他很快就成了村里小孩欺负的对象。为首的就是白富舟，他们喊他"野孩子"，冬天就用包着煤块的雪团砸他，雪化了，煤块混着黑渣，稀稀拉拉顺着血痕流下来，他的眼前红的红，白的白，分不清眼泪，分不清雪，分不清血。

爷爷有天劈柴火，把胳膊肘抻到了，去地里摘了点草药，碾碎，混了点唾沫，往胳膊肘上涂了几天，结果胳膊肘上起来一个硬硬的肿块。爷爷觉得奇怪，陈山也觉得奇怪，爷孙俩一道去村头的卫生所看了看，医生说，可能是发炎了，开了消炎药和吊瓶。爷爷打吊瓶的时候，呼噜声震天响，他就看着窗户上掉落的漆片发呆，那些漆成片成片地剥落，像鱼的鳞片。爷爷的消炎药都吃完了，吊瓶也打完了，但胳膊肘上的硬块还是没有消。爷爷的精神一日比一日差，像有虫子在吸食他的血，他迅速干瘪下去，只剩一层皮包裹着骨头，还有胳膊肘上那硕大的硬块。

爷爷被送进了市里的医院，已经是骨癌末期了。爷爷把他叫到床边，说，送我回家吧，不治了，不想治了。在医院每天都烧钱，也煎熬。回家，兴许还能好。爷爷咧开嘴笑了，一笑露出一嘴黄牙。陈山啥也没说，点点头，轻轻握住了爷爷的手。

甜品上来了，是茉莉清茶酪和雪耳百合团子。林溪把甜品推过来，说，吃点儿甜的吧。

有一天早上，爷爷醒来，喜得大呼，你们快来看，快来看！陈山和奶奶飞快地跑进爷爷房间，发现爷爷胳膊上的肿块消失了，只留下了一胳膊的黄水。好像这些天经历的都只是一场梦。他觉得不真实，奶奶也觉得不真实。爷爷说，可是这就是真的啊！爷爷说话的时候，身上发出黄水的腥臭味，熏得他真的想吐，但他忍住了。他看着爷爷脸庞红彤彤的，中气十足的样子，也很高兴。

爷爷中午给他们做了饭，爷爷说，川渝男人都会下厨房，好好看着，乖孙。爷爷确实做得一手好菜。他也清晰地记得那天中午吃了什么。

五花肉放进灶膛里，用柴火烧，烧好后，丢进装过猪食的桶里洗。看着脏，其实不脏，因为腊肉烧过后，本身就要去掉一整层黑色油渍残渣，洗好了，高温再煮过就好。五花肉洗好了，拿出来，用刀背刮灰，拿一个洗干净的搪瓷盆装着。爷爷把土豆削好，用刀刃后侧把洗不到位的泥眼子都剜出来，切成小块，装进盆里，撒点盐巴，抖匀，让每个土豆块表面都能裹上盐巴，上锅蒸。奶奶去地里摘回来四季豆，洗干净，掰成小段，还是用盆装着，撒上盐、豆瓣酱、蒸肉粉，用手抓匀。揭开锅盖，里面的土豆块露了出来，奶奶抓着四季豆，把它们均匀地铺在土豆块上，再盖上锅盖，继续蒸。爷爷把青菜切成末儿，放进搪瓷缸里，放上盐、豆瓣酱、泡好的粉丝、蒸肉粉，一起再次用手抓匀，把青菜粉丝铺在原来已经在蒸的四季豆上。五花肉切片，淋上豆瓣酱、十三香，磕一个鸡蛋进去，撒点盐、蒸肉粉，用手抓匀，再次揭开锅盖，把肉片铺在青菜粉丝上，撒一把花椒，盖上笼屉，添点柴火，蒸一个小时。蒸好了，爷爷奶奶招呼陈山帮忙把菜端上桌，用调羹挖点青花椒蒜泥，涂抹在五花肉表面，盛好饭，就可以吃了。

他们开始吃饭了，爷爷那碗饭却越吃越红，原来是鼻子和嘴里的血都流进了饭里。他就那样看着爷爷在他面前缓缓咽气，身体一点点发僵变硬。整个人变成了灰紫色，胳膊肘上的肿块也陷落到了最底下。爷爷死后半年，奶奶也跟着去了，他从此永远失去了这个世界上最爱他的人。

他其实不喜欢林溪这个关于死亡的玩笑，但他什么也没说，只是微笑着，和林溪一起吃起了甜品。

东方美人

他十九岁才开始学琴，第一位师父是他自己找的，学费是陈绍堂给的。陈山那时住大学宿舍，八人间，热烘烘的，夏天没有空调，只有风扇，他床头放着花露水，不涂一些，有时汗水能捂出一身痱子。其他七个人通宵打游戏，他就在旁边架一张桌子，自己鼓捣他的琴。

一开始舍友挪揄他，说，喔唷，能发出响儿啊？他不接话，只是笑笑，继续练琴。再后来，不仅能发出响儿，还能连成片段，再再后来，能连成曲子。舍友们游戏通关了，他也摸到了门道。学得很晚，但他有天分，又能吃苦，仅仅三年，他就考到了古琴十级。古琴需要学养撑着，不然演奏就塌了。他于是跑去旁听隔壁城市一所双一流高校中文系的专业课程，还大量阅读。不久后，他开始跑全国各地的高校，和同道们一起办高校古琴联合会。他觉得还不够，还跑去旁听了另一所高校管理学院的课，以提高自己的组织能力。大四的时候，陈绍堂托人引荐，帮他辗转找到了师父，正式拜师。师父是国内的古琴大家，六代传人，一辈子吃这碗饭，弹了一辈子琴。他受到点拨，加之个人禀赋，琴艺从此突飞猛进。师父按月按年会安排不同的雅集，供大家交流、切磋、学习。师父的徒弟遍布天下，自然雅集也遍布国内不同省市，有时，师父还会为他们争取海外商演或竞赛的机会。经年累月后，他就这样从回马村的一位火把少年，摇身变成了深圳的一位优秀的本土青年琴人。林溪曾不止一次惊讶地说，如果你不告诉我你的过去，仅看你的谈吐和气质，我真的完全看不出来。陈山只是淡淡地笑，不发一言。

爷爷死之前，给陈山留了一笔钱，托梦告诉了他。上大学后，他用一半给自己请了个咏春师父，另一半存了起来。他还接触了李小龙的截拳道。这种搏击之术，以水为魂。发起攻击时如溪流奔涌，遇阻反击时似浪潮迂回，任对方攻势再猛，皆能化作无形消解于掌下。它不拘泥于固定招式，将咏春的巧劲、拳击的迅疾、击剑的灵动熔于一炉，更以道家"上善若水"的思想为骨，随形就势，不争而善胜。在这套自由搏击里，他渐渐学会了舒展本心。起初是咏春的桩功站稳了根基，继而是截拳道的攻防让四肢百骸都活络起来。日复一日的切磋中，不仅体魄日渐强壮，连灵魂都仿佛被水流涤荡得通透。另一方面，大量的阅读让他面对自我，智识带他挣脱泥沼，重构看待世界的坐标，他慢慢学会用文字的烛火照亮生命的至暗时刻。在字句垒砌的阶梯上，他开始望见更辽阔的生命可能。不知道从什么时候开始，他内心的孱弱、愤怒淡了，那股恨不能将自己撕碎、重组的劲儿小了，微了。心头依然草长，但风不知道从何时起渐渐停了。

毕业前，陈绍堂安排陈山先进入腾讯工作了一年，他感觉不是自己想要的，便辞职离开。他和陈绍堂提出要创业，陈绍堂给了他五十万的第一桶金，他办起了自己的古琴工作室。后来，又找了合伙人，陈绍堂又帮他添了几十万，帮他改成一家规模较大的琴社，收学生，办讲座，做直播，接商演，玩收藏，倒腾茶叶、老琴、古籍。他没有陈绍堂赚得多，但他觉得，这才是自己想要的。

陈山和林溪开始经常见面，一周就要见一次。有时陈山想见得紧，一周要见两三次，林溪也不拒绝。见面见得多了，琴就练得疏了。师父在他身后悠悠开口，所谓希者，至静之极，通乎杳渺，出有入无，而游神于羲皇之上者也。你的琴声太躁了，和以前不太一样。你心里有杂念遮蔽，所以运指时也难以再维持从容不迫。他知道师父听出了他琴声中的端倪，垂头不语。

师父常年住在香港，琴风儒雅潇洒，力求保持艺术的纯粹。师父已经习琴四十余年，授徒不辍。陈山每个月去香港上课。师父很欣赏陈山，因为陈山弹琴的心思单纯，没有太多弯弯绕的东西。他的琴谱上一般有两种颜色的笔记，红色的是师父做的眉批夹注，蓝色的是他自己的习琴心得。师父说，听你们弹琴时，察觉到细微的问题，不可能立即叫停，不然会影响你们弹琴的状态，所以我要在琴谱上做批注，也方便你们事后回看。陈山两相比对，靠着这种笨办法，吃透了每支曲子。

师父本性淡泊淳朴，眉眼和顺，没有愁云。他一生都在极力避免一切和名利挂钩的活动。一般琴人为了生存，必须利用市场，做一些铜臭气息的交易，师父不愿影响和扭曲个人的创作风格，所以一直坚守本心，不随波逐流。他和师父既像师徒，也像父子。师父懂他，理解他，但很少轻易点破他。他知道师父希望自己能悟。师父说，人生就是修行，本就是要在事上修炼。师父不怪，不责备，引导他，点拨他。

师父问他，最近发生了什么事吧？看你进来时，脸色就发灰，魂不守舍的样子。师父拉开抽屉，拿出一个苏绣的布包，陈山再熟悉不过了。那布包上绣的山水，以虚实针入布，针法以实形虚，着墨处用密针深色，不着墨处用虚针淡色，针愈稀，线愈淡，石如斧劈，水自涵濡。

师父从布包里拿出一排针，抽了两根，拉过他的手指放血，黑色的血流汩汩涌出。他感到心头一阵松动。

师父说，好了，再弹一段给我听。

他的汗流个不停，但还是硬着头皮弹完了。

师父说，爇香焚檀，吞烟则吐雾，涤斝洗茗，荡浊则泻清，想要远离红尘喧扰，保证内心中正纯净，就要护住你的"琴心"，雪躁气，释竞心。

他点点头，不语，脸上却腾地红了，热得难耐。

他重新坐在琴桌前抚琴，却怎么也集中不了注意力，连连弹错了几个音。鼓琴本是"导养神气，宣和情志"之物，但现在，他满脑子都是接吻时她口腔的味道，像老家的雪，很凉，很淡。

刚开始一起生活的时候，陈山在房间里练琴，林溪就在客厅的书架前看书。有时陈山练琴累了，就站在林溪不远处默默看她。林溪总是第一时间察觉，笑着说，噢哟，"袖手旁观"先生又来了。然后就作势要跑，边跑边念，和羞走，倚门回首，却把青梅嗅。陈山一把抱住她，轻轻吻，像小鸟在啄食小米，说，不，这是琴瑟和鸣。高僧会永远爱小仙女的。林溪转过头，一脸警惕，这"警惕"带着三分玩笑，七分认真，你知道的，我从来不信"永远"。

陈绍堂催过陈山很多次，但陈山不想那么草率地结婚。为了结婚而结婚，实在太不负责任，对双方都不好。

陈山攥着湿透的雨伞给林溪发语音：临时要改方案，今晚真的回不去了。手机屏幕映出他眼底的血丝，他无法抑制地长舒了一口气。他不知道为什么最近总是想躲她。林溪回复了一个哭泣撒娇的表情包，让他想起去年生日时，她准备的惊喜。那盒至今未拆封的乐高城堡模型，还躺在衣柜的顶层积灰，盒角贴着"要一起拼完哦"的便笺纸，句尾也是跟了一个哭泣撒娇的表情。

林溪总说，仪式感是爱情的防腐剂。上周三是他们的恋爱纪念日，她订了一家黑珍珠法餐厅，但陈山因临时要谈一个项目，放了她的鸽子。其实，也是觉得餐厅有点过了，但他不知道怎么开口。最近，店里现金流有些周转不灵，陈山压力很大，晚上睡不着觉，总得喝点儿。陈山不愿告诉林溪太多。他喜欢林溪依靠他，求助他，但他一直不喜欢依靠林溪，求助林溪。原因是什么，从什么时候开始变成这样，他模模糊糊说不出口。

两个月前，林溪翻出了大学时期他与前女友的合影，用修眉刀将那个穿白裙的身影一点点刮除。相纸纤维卷起，当晚他躺在汽车的后座失眠，车载香薰的味道是她挑的"永恒之恋"，闻起来却像中药房受了潮的屉柜，又像那年秋日，她发梢上携带的铃兰香，稍纵即逝，却余韵绵长。恋爱前，林溪是开花放香的合欢树，是毁坏葡萄园的小狐狸，是天起凉风，日影飞去后的小鸽子，美丽，可爱，井井有条。不知从什么时候开始，泉眼枯竭，没药腐败，口舌也不再香甜。她变得像童年时粘在窗户玻璃上的玻璃糖纸，看似斑斓，实则锋利。

林溪爱买鲜切花，洗干净修剪好，用玻璃花瓶和陶土罐插着。不过她之前插花大多随性，没有什么章法。陈山说，那我教你插花吧。骨节分明的手像修长的青竹，指甲是留了一点白边的，陈山说，这样方便按弦。

陈山指尖拈着支刚剪好的散尾葵，边转着花器，边讲解说，先定好骨架的高宽厚，再用主花锚定焦点，也就是整个作品的视觉心脏。接着，用副花材连点成线搭框架，最后填补花材，让轮廓丰满起来。他忽然俯身，从花材堆里挑出支鹅黄的飞燕，说，高阶些的手法得讲究上下层次，你看，花苞在上，盛花在下，浅色轻盈托着深色沉底。说话间，他手腕轻旋，散尾葵的羽状叶已斜斜插在花器左侧。他接着说，上部多用线条形花材拔高气韵，散尾葵、飞燕、苏铁这些带锋芒的都好。另一只手抓起把绯红的康乃馨，手指抚过饱满的花瓣，说，下部就得靠块状花材稳住根基，比如康乃馨、玫瑰、非洲雏菊，堆出沉甸甸的视觉重量，才压得住场。

陈山的剪刀"咔嗒"一声，剪断了过长的花茎，他忽然停手看向林溪，说，小溪，你记住，花枝要像山间错落的石阶，高低得错开水平线，更别排成规整的等角形。插的时候按"前左后"或"前右后"的顺序走，同一种花别挤成一团，得像星星散在天上一般，才好看。

他的手在花器上方翻飞如蝶，玫瑰与勿忘我在指间流转，转眼已在散尾葵下方搭出半圈弧线。林溪忽然指着那簇康乃馨，笑说，这个我懂，疏密不能匀，花叶得有松有紧。同一种花拆开插，不同花材叠着来，才有层次，前后错开些，左右别踩在同条水平线上。我说得对不对？

陈山抬眼时带笑，手里正将一片龟背竹叶斜斜压在玫瑰丛中，说，总算没白教。他忽然把一支低垂的非洲雏菊往上提了提，又谈，插花讲究"俯仰呼应"，所有花枝都得围着主枝抱团，上下左右得有来有往，才显均衡。阳光透过玻璃窗，落在他翻飞的指缝间，投下细碎的花影。陈山继续对林溪补充道，你看这株苏铁，是往上蹿的姿态，自然，底下就得用面状花材坠着，色彩也得撒得匀，不然就像瘸了腿的桌子，站不稳当。

林溪突发奇想，那感情是不是也可以用上"俯仰呼应"？

陈山一脸新奇，怎么说呢？

林溪用手指着花枝，说，你看，如果你是下方负责承重的花材，那我就是上方向上伸展的线条形花材，但想要达到平衡，我们的灵魂之间一定要时时相互呼应。如果呼应消失了，就会头重脚轻，或者头轻脚重。呼应消失了，感情也会消失。

陈山说，怎么突然这么忧伤？

林溪说，没有忧伤，但这就是事实呀。

陈山说，是不是困了？快去睡一会儿吧，等会儿我叫你。陈山轻轻推推她的肩膀。林溪用一股力，挡住了陈山的推动，说，我是认真的。

陈山不说话。他觉得这样的对话没有意义。

林溪却突然恼怒起来，问他，你为什么不说话？

陈山说，我不知道说什么呀，这只是插花的艺术而已，一件很小的事，我们有必要把它放大吗？

林溪声音提高了，说真的，我其实很反感你总是一次次地回避我情感交流的试探！我真的不理解你为什么总是一次次温柔地把我拒之门外？

陈山叹气，小溪，你今天又怎么了？他开始收拾桌面上的残花和枝叶，有些情绪涌动起来，平静的愤怒，疲惫的平静，愤怒的疲惫。在这段关系里，他觉得林溪一直像个心智不成熟的小孩，他越来越觉得难以应对。他尽力去修剪那些阻挡他们感情的残花和枝叶，希望爱情的枯萎不要来临得过快，但有些东西已经不可挽回，像暴雨后的秋海棠，纷纷落下。

合作伙伴都曾艳羡他谈了个这么年轻漂亮的女朋友，年轻，永远是女人最大的王牌。漂亮的字眼还要排在年轻后面。恋爱最开始的时候，她一大早给他打电话说粉底液摔碎了，他马上开车去最近的商圈给她买了四瓶，四个不同品牌，加在一起就是四五千。他不懂女人的化妆品，但只要她开心就好。点菜永远要过量，两个人摆一桌，有汤也得有甜品，汤和甜品也不能只点两样。其实他本不是会剩饭的人。他们跨年那天晚上的聚会，大家点了很多外卖送到店里一起分享，开了一个小型聚会。他边收垃圾袋边说，这些塑料袋先别扔，等会儿可以留着扔垃圾。豪掷千金博美人一笑，反而后面成了他的习惯。他觉得爱一个人就是要舍得为她花钱，在物质层面，他从没有亏待过林溪。也是因为，爷爷奶奶死后，他把钱看得很淡。钱在他看来就是身外之物，人生短短三万天，生不带来死不带去。他出去商演一场，半小时就是小几千，卖一把好琴，几万块，教咏春，一个学生收学费三万，还不包括教拳法、棍法、茶道、丹青。他兴趣广泛，时间自由，学东西扎实，教东西也是实打实地教，所以学生来源稳定，甚至口耳相传，口碑就慢慢立了起来。有时他也攒局，请老师来教，赚了钱再分。他是天生做生意的好手，跟陈绍堂一样，脑子灵活，擅长整合资源，上下流动。挣了钱就继续买书、买琴，让钱流动起来。他信奉一条，钱是活的，放在银行里就死了。但他不碰基金、股票和一切不够稳健的投资。他没有赌徒心理，也从未想过利用杠杆攫取什么。林溪从小起居优渥，追求生活品质，爱买珍珠、黄金、质感上佳的衣服。他惯着她，两个人都开心。但他没有意识到，他喜欢的是他给，而不是她给，否则就变味儿了。

有一天晚上，陈山在做晚餐，林溪冷不丁地站在他身后问他，你是不是现金流不灵了？你需不需要帮助？

厨房的油烟机发出低沉的呼吸，陈山握着锅把的手僵在半空。橄榄油裹着蒜片的焦香在空气中凝固，他能感觉到林溪的目光正烧灼着自己的后颈。他没有正面接话，只是说了四个字，面要糊了。他借着搅动意面的动作掩饰喉结的滚动。黑松露刨刀紧攥在掌心，那些本该均匀铺撒的金褐色薄片不知所措地坠入平底锅。油星溅在手背上，火辣辣地疼。

林溪的声音混在水龙头的水流声里，像把钝刀割开保鲜膜。林溪说，我听你合作伙伴说的。你为什么不告诉我呢？你为什么掩饰得这么好呢？

陈山的刀尖划过口蘑伞盖时突然打滑，雪白的菌肉裂开了道不规则的豁口。滚水在珐琅锅里咕嘟冒泡，陈山手里的锅把变得异常沉重，他盯着锅中纠缠的意面。本应柔韧弹牙的条形面，却在酱汁里变形成了难堪的弧度，像他上个月在贷款申请表上的签名。黑松露的醇厚香气借着白兰地火焰腾起，他听见自己喉咙里发出短促的笑声：小溪，你说什么傻话，我怎么可能要你的帮助？我不需要你的接济。我自己可以。

林溪埋头吃面，点点头，不说话，看上去像是面条堵住了她答话的缺口。她平常话很多，跟他聊天也是如此，一发就发十几条消息，分享欲极其旺盛的小丫头。但今天她什么都不说。陈山也懒得问。他感觉今天的面条有点不新鲜，有种反胃的感觉。黑松露碎发出一种刺鼻的腥臊气息。他一向不想打碎什么，但裂缝早已无法规避。

耻辱感将他淹没。怎么能用女人的钱？他觉得无法接受，甚至觉察到了自己的一股没头没脑的愤怒。自己苦心隐瞒的秘密竟然被轻飘飘地揭露了，像当街没有穿裤子。而且看到他没穿裤子的人，竟然还是一个在她面前一直苦苦维持体面的人，一个他用昂贵礼物堆砌出来的人，一个不想被看到他不堪、丑陋、困窘的人。他知道林溪又生气了，但他再一次什么都没有问。他们的这段关系里，永远是林溪发问得多，他回答得少。但有一点是反过来的，关于自我的部分，他说得多，林溪说得少。还有太多关于林溪的部分，他都不知道。他在她身上总是看到他自己小时候的影子，坚硬，偏强，生气的时候背对着他睡觉，竖起一堵娇小的墙。他破不开，索性经常装睡，装着装着，就真睡着了。有时隐隐约约听见林溪似乎在抽泣，但他实在太困了，也不知道怎么哄，只是在睡梦里捏捏她的手。她的手很软，湿淋淋的，像手心里下了一场雨。

陈山接到林溪的电话时，他正在自己家大汗淋漓地炒菜。锅气熏蒸之间，他听到林溪在电话那头哭。

林溪回老家给奶奶过生日，这天中午家族聚餐，奶奶吃完午饭就说头晕，要进房间睡觉。林溪叔叔看着奶奶一个趔趄，差点摔倒，赶忙去搀扶。奶奶说自己没事，就是腿有点麻，然后自己进了房间。林溪的婶婶和伯母开始给她按摩，她说舒服多了，让大家都出去。林溪最后一个离开，准备给奶奶拉上窗帘，让她好好午睡。结果奶奶却突然叫住她，说自己的腿还是很麻，快来继续给她按摩。林溪走过去，奶奶说话已经越发僵硬，含含糊糊，一直催促，快点快点，林溪，快点，麻，麻，麻。林溪的眼泪流了出来，忍不住大喊，快来人呀，奶奶好像有点不对劲！

幸好这天家里人都在，救护车来的时候，乌泱泱一大家人都站在地下。急救医生打开急救箱，开始给奶奶做心电图，家里的男人都退出屋外。林溪看着一辈子好强的奶奶袒露着胸口，仰躺在床上，任人摆布，什么都说不出来，哽咽着，喉咙像有什么尖锐的东西，割伤了她。

大伯和林溪的爸爸坐上了救护车，其他人跟在后面。这天按照习俗是回婆家的日子，所以当医生的姑姑不在，但接到电话还是跟着一起往医院赶。最后一家人终于都赶到了医院。结果出来了，轻微脑梗，好在发现及时，不算严重。

奶奶紧紧攥着林溪的手，紧张的脸松弛了。爷爷笑她，老太婆，看见我不笑，看见你孙女都笑得要开花了。全家人的神情都舒展了，只有林溪放心不下，整个人都是蒙的，后知后觉，哆嗦着手给陈山打电话。但陈山笨嘴拙舌，什么都安慰不出来，最后憋了半天说，你今天辛苦了，小溪，好好休息。林溪说，今晚我陪我爷爷在家，我爸妈过去陪床，其他家人明天再安排。她觉得自己的力气被抽干了。

林溪其实没有想要陈山说多体面的安慰的话，但当看到陈山憋了半天，只发了一行"好好休息"时，还是愣住了。这话不是不合适，只是出现在这里很奇怪，也很干瘪。陈山似乎总是在一些关键时刻隐隐在回避，回避什么呢？

回避情感的表达。陈山在心里说。陈山面对需要表达情感的时候，总是茫然和无助。这种茫然和无助成了引子，成了基石，成了潜在的炸弹。陈山没有机会学习情感的表达。父母草率散场的婚姻让他恐惧矛盾，在他的潜意识里，矛盾等于危险，所以不能有矛盾。亲人的去世封闭了他的悲伤通道，他无人可以依赖和倾诉。当他来到深圳，父亲已经有了新家，母亲也有了新家，他没有归属感，就像云中永不落地的无脚鸟。陈山能够洞察林溪的悲伤，想要伸出手，叩响她的门，但最终还是把手收了回去。他只能做到洞察那一步了。

陈山看林溪一直不回复，就又补充说，我在看电视剧，荷兰汉学家高罗佩同名小说改编的《大唐狄公案》。又是一句和事情完全不着边际的话，一个完全不着边际的话题。

林溪说，我有些累了，你看吧。

林溪的沉默让陈山措手不及。陈山不止一次见过死亡，他只是不想此刻的气氛太沉重。但林溪把他岔开话题的行为解读为不知轻重。

第二天奶奶要排泄，也是林溪和爷爷一起抱着奶奶完成的。林溪没做过这种事，还是爷爷教她怎么把便盆塞到奶奶身下，怎么把奶奶的腿立起来。病房里异味很重，简直臭气熏天。奶奶仰躺在白色的被褥里，睁着眼睛看着天花板，专心地排泄。林溪的眼泪倒灌进喉咙，更痛了。奶奶体面了一辈子，原来人老了以后，根本无暇顾及体不体面。那股臭味很长一段时间蔓延在林溪的记忆里，只要想起来，就会掉眼泪。姑姑本来说要把奶奶的头发绞了，嫌太长了，麻烦。林溪不让。林溪说，奶奶爱美，每个清晨，都要蘸着玫瑰水，把头发丝一根一根梳理整齐，再用黑色的发夹别好。奶奶的后脑勺有个碗大的疤，据说是小时候烫的，奶奶用头发把它细心地遮住。林溪觉得，这头发不能剪，剪了，奶奶的念想就没了。她认为病床上的体面有时比舒服更重要，无关乎其他，关乎尊严。

和陈山的隔阂是什么时候产生的，林溪已经分辨不清楚了。真正进入亲密关系，才发现陈山远没有他表现得那么云淡风轻。那好像只是一个伪饰的壳，他不允许一般人轻易触碰，如果硬要揭开，便会发现壳与他的皮肉已经紧紧粘连，一用力，就会血肉模糊。他修心养性数年，就是为了苦心经营这个壳。林溪从未戳破，她想每个人都需要自己的体面，就像奶奶用头发遮盖后脑勺的疤，陈山也要用壳遮盖他的痛。

陈山没有告诉林溪，他看到她照顾奶奶，就想起了自己的童年。他也是那样照顾奶奶，照顾爷爷。但他只会做事，不会说话。他十五岁之前，基本上忘记了父亲的样子，在村野间受尽欺负，无人可以依靠，索性越来越沉默。十六岁之后，他来到深圳，父亲已经打拼出来了，甚至给他打拼出来一个家，不过这个家，不是他的家，是他父亲的家。他踩在父亲家打了蜡的木地板上，面对巨大的落地窗。窗外是石钟乳、石笋、石柱一样的楼宇，一栋一栋，插在云海里，楼下的人小得像蝼蚁，夕阳恣肆，染红，染蓝，染绿了他的眼睛。客厅角落放着妹妹的钢琴，夕阳继续恣肆攀爬，爬到钢琴身上，染红，染蓝，染绿了妹妹的钢琴。

琴者吟心

陈山好奇过林溪笔下的男人和她的交织，林溪也好奇过高僧在小仙女以前到底经历过什么样的女人。林溪只说，你就是我的最后一任。她反问，陈山就告诉她，两任。一个是东北上学时的学姐，主动追的他，主导了整段关系，确认关系是她主导的，结束关系也是她主导的。另一个算是同行，二人都学琴，共同话题很多，对方在中国音乐学院读博，再后来，就去美国发展了。陈山聊起第二任，话明显更多。

陈山说，她很成功，比我成功得多。她是科班出身，而我算是师承所学。她读书那会儿，我们半年见两面，基本都是我去找她。我能感到她变得很快。去北京后，更漂亮了，更优雅了，更遥远了。她进了几个古琴协会，又进了乐团，再后来，升为古琴首席，去国外进修。我也就渐渐没有了她的消息。陈山很少说这么多，林溪默默听着，手上转动着一个勺子。

陈山说，我以前发布过声明，我不进任何古琴协会，我觉得那玩意儿没用，但这也意味着我得不到琴界的认可。

林溪问他，你在意这个吗?

陈山说，不在意。

林溪觉得，陈山在意，但陈山拒绝面对真实的自我。灵魂在雅和俗之间摆荡不休，他却宁肯让指针长久驻留在雅的上方。他不愿意承认自己俗的那一面，太赤裸了。

林溪手上的勺子停了下来。两个人都望着勺子出神。

陈山突然说，带你去见我师父吧?

音箱里恰好播放到了《鸥鹭忘机》。

这支曲子还是他跟师父学的第一支曲子，说是《列子·黄帝篇》里有一篇寓言叫《好鸥鸟者》："海上之人有好鸥鸟者，每旦之海上，从鸥鸟游，鸥鸟之至者百数而不止。其父曰：'吾闻鸥鸟皆从汝游，汝取来，吾玩之。'明日之海上，鸥鸟舞而不下也。"他和师父都喜欢这个故事，认为习琴当纯粹如此，做人也当纯粹如此，有了机心，琴声便有了杂质，人心便也惶惶然，容易失序。师父拿《五知斋琴谱》给他读，他们一起分析琴谱，做批注，练习每一个小节。师父说，海上客一开始没有伤害鸥鸟的巧诈之心，他自然可以亲近鸥鸟；后来多了心眼，鸥鸟觉察，他也就失去了与它们近处的机会。弹琴的人当"以无累之神合有道之器"，忘却机心，自甘恬淡，与世无争。超逸的人指下才能流淌出超逸的琴声。

陈山和师父都爱喝点儿，度数不低。醺醺然时，便快意抚琴而歌。师父爱穿一身雪白的苎麻衬衫，袖口磨出了毛边，仍然坚持穿。陈山常常觉得，他和师父如同古琴的阴阳两弦，师父守着松风入弦下，一壶陈皮老白茶，陈山在深圳的商业洪流里大步前进，追逐老琴新声。他们的坚守与突围截然不同，却又暗中交错。

他在琴声中开车，看着大路宽敞，向后缓缓退去。琴曲开头，天光澄净，云影映波。接着，滑音进付，灵动自然，琴声款款，海日朝辉，沧江夕照，群飞众和，海上客与鸥鸟相容相得。鸥鸟浑然不觉人们的戕害之心，低飞高翔，恬淡娴静，悠然自适。他学琴的开始，也没有机心，没有暗潮涌动。他和林溪的开始，也没有机心，没有暗潮涌动。

随着乐句跳跃深入，运用沉重的撮音，表现海上客已有了捉拿鸥鸟的机心。紧随其后的，是旋律由中音区向上准高音区逐步推进，出现了密集的附点音符和连续切分的节奏音型，音乐开始躁动不安，鸥鸟们已觉察海上客的变化，纷纷四散离去。伴随乐曲的音区回旋直下，海面回归平静自然，音乐流淌也渐趋气舒意畅。海上客悔悟之后，又能与鸥鸟忘机相处。陈山的眼前出现了泛音淡远之致，海上舒晴，水天一碧，鸥飞鱼跃，一派勃勃生机，明朗，希望。

古人习琴，曰："但能体认得静、远、澹、逸四字，有正始风，斯俗情悉去，臻于大雅矣。"那么他呢？她呢？听出了《鸥鹭忘机》里的静远澹逸吗？

两个人从师父那里走出来的时候，陈山对林溪说，师父看上去很喜欢你。林溪笑笑，说，我也很喜欢师父。他是一位很绅士的人。

陈山说，是的，他是君子。

林溪在《鸥鹭忘机》的曲声中小心地问他，我们结婚好吗？这也是她第一次主动，正面地开口提及结婚的事，但已经不是她第一次主动，正面地提及他和她中间的一些艰难的问题。

　　他顿住了。转而笑了起来，笑得僵硬而暗哑。他的笑像怀乡病，像圣诞夜一场雪。她没有笑，她看上去惨白而哑静。

　　陈山喝醉了，陈绍堂开车来接他，还是那辆记忆里的黑色大奔。他却在夜色摇晃里眩晕起来，酒气上涌，他本来躺卧在后排，挣扎着想起来找塑料袋，来不及了，只来得及嘴一张，呕吐物喷在了父亲的地垫上，还有驾驶座的椅背上。他昏睡过去。后面谁收拾的，怎么收拾的，他记不清了。

　　然后他感觉自己被背起来，他闻到了陈绍堂身上的古龙水味道，还有雪茄的味道。陈绍堂的背很宽阔，他趴在上面，眼泪流下来，掉到了陈绍堂的脖子上。陈绍堂明显顿住了，然后继续往前走。他醉眼蒙眬，依然能从余光里瞥到两侧的路灯，一盏一盏，照亮他回家的路。这回好像真的回的是他的家了，不是陈绍堂的家。

　　陈山离开了陈绍堂的背，躺在了床上。床边一陷，黑暗中有人坐了下来。陈绍堂把热乎乎的毛巾放在他脸上，开始给他擦洗。他有几次舒服得都再次昏睡了过去，但陈绍堂一直在和他聊天，他几次被叫醒，不免烦躁。

你和林溪为什么分手？

陈山说，不为什么，不喜欢了。

陈绍堂说，说说真实原因吧。

陈山说，她想结婚了，我觉得没到时候。

陈绍堂问他，为什么不结婚？

陈山说，不为什么。

陈绍堂在黑暗里问，是因为我吗？

陈山从牙齿里挤出去一个字，对。

黑暗里充满了沉默。沉默没有形状，沉默是陈绍堂的形状。我当年混账透顶，本该带你来深圳的。他的叹息里裹着二十年光阴，耽误了你念书，你那么灵透的孩子……这愧疚，要跟我进棺材了。陈山不说话。陈山蜷缩在床沿，指甲深深掐进掌心。喉间翻涌的呜咽被生生咽下，泪砸在虎口，灼得生疼。

你恨不恨我？陈绍堂的追问像根生锈的铁钉，扎进陈年伤疤。陈山不回答。眼泪又开始流，他克制自己的啜泣。他不想像小孩一样。他不想在陈绍堂面前流露分毫的脆弱。陈山很想问，如果爷爷奶奶不死，如果十五岁那年没有发生那件事，如果我不是带把儿的儿子，你是不是会把我一直放在回马村？他很想摔东西，很想揪住陈绍堂的领口大喊大叫，但是现在，酒气像一张湿淋淋的网，把他困在床上。他坚定地相信自己的答案。如果爷爷奶奶还活着，他会被丢弃，永远丢弃，他现在大概率早已被遗弃在山坳里，永远是那个冻得鼻涕横流的野孩子，玩的双截棍用鞋带连着，他可能永远没有机会走出大山。酒气在血管里横冲直撞，他知道答案早在心底生根。陈绍堂说，我那会儿太年轻了，来深圳打拼很苦，我不想你吃苦。

意识渐渐模糊时，他听见自己粗重的喘息混着父亲的呢喃：爸爸对不起你，爸爸这辈子都对不起你，爸爸对不起。声音轻得像山间的雾，飘在梦与现实的夹缝，让他分不清，这迟来的忏悔究竟是来自记忆，还是此刻近在咫尺的父亲。

余谓琴者心也，琴者吟也，所以吟其心也。他不知道他的琴吟的是什么。他没有心。他已经做到无知、无欲、无求了，物我同一，与自然相通，致虚守静。他满身大汗，拨弄琴弦，脑子里却不受控制地想起林溪，想起她如何环住他的脖子，身上有沐浴露的香味。想起她摸他的脸，说你的脸好干燥，然后给他买了男士洗面奶和全套水乳。他分不清那些漂亮的瓶瓶罐罐，全都交给林溪打理。他们一起修剪蓝星花，这是一种特殊的花，汁液会发出臭不可闻的味道，但美艳也是真的美艳。花语是互相信任。

　　理查德·伯顿在《芬芳花园》里写道："女人像只有靠手揉搓才肯释出香味的果实。又好比罗勒，只有经过手指捏碎搓热，才有香味出来。"他哪里敢揉搓这枚果实，她太幼嫩，一用力恐怕就要碎了。他事实上不敢弄碎任何东西。

　　他在新烫出锅的面上淋上西红柿鸡蛋酱，端给她，手一滑，面碗砸在地上，稀碎。他吓得发抖，不可抑制地发抖。

　　林溪跑过来，问他怎么了。他不说话，克制自己的发抖。

　　二十七年前，他还只是一个六岁的孩子，胳膊弯蹭着灶灰，早上打火把上学。等回到家，发现家里黑漆漆的，不点灯，爷爷叉开腿，坐在凳子上，一口一口抽着旱烟。奶奶脸朝里抹泪，不吭声，光和影割裂了她。里屋传来争吵和刺耳的斥骂声。贾金枝脾气极其暴戾，性子上来，伸手就要打人。这一回，可以去掉"就要"了，性子上来，伸手打人。父亲把碗砸在地上，在他的心头发出长达二十七年的巨响。他从此怕极了碎裂的声音。

　　他和林溪恋爱几年了，几乎没有一次破碎过。所有争吵的片羽，都被他利落地收拾干净，用一句粗糙的"对不起"扫拾。他以为自己做得很到位了，殊不知，他的沉默是数年来深深浅浅的刀，切割在皮肤上没有形状，可伤口深深浅浅地暗中溃烂了，溃不成军，早就没有拯救的余地。

林溪说，陈山，玛吉·尼尔森在自己写的《蓝》里提到，爱默生曾经说过，人生是一连串的思绪，如同一连串玻璃珠。我们经历这些思绪的时候，它们便是五彩缤纷的镜片，以它们的颜色涂绘世界。每个镜片只能显示其焦点之下的东西。然而，玛吉·尼尔森发现自己陷入任何一颗珠子中，无论它是哪一种颜色，都会是致命的。你是否陷入到某一颗珠子了呢？

陈山动了动嘴唇，没有说话。他确实也不知道说什么好了。他打心眼里不喜欢这些掉书袋的陈述，他也不喜欢外国文学，听着絮烦。不能说大白话吗？林溪的眼睛里分明流露过浓重的失望。她起身，没有道别，直接离开了。

陈山坐在位子上没有动，感觉浑身的力气被抽干了。是从哪一步开始，走到了今天这一步，他感到头疼得很厉害。

陈山受邀参加一场雅集，只需要弹两天就好，第一天上午半个小时，第二天下午半个小时，就可以拿到八千块，足够这个月一半的店租了。然而头天活动结束后，他却感觉头痛欲裂。他以为自己是感冒了，晚上煲了桂枝汤，趁热喝下，振奋胃气，补充汗源。又煮了一锅白粥，放了姜粒，盛了一碗，慢慢吃完。身上力气恢复了大半，他盖上被子，把自己捂得严严实实的，帮助发汗。

梦里又是林溪。那时他们还没有确定恋爱关系，林溪又一次受邀参加一个读书分享活动。那时林溪还是长卷发，海藻一般。她在台上讲了一个半小时，又做了签售，散场时读者围着她，问了很多问题。她却肉眼可见地越发惨白。等其他人一走，林溪跌坐下来，原来是老毛病肠胃痉挛犯了。

他带林溪回他的琴社，点了芽庄沉香，空间里暗香缭绕。他收拾出一个房间，安抚林溪躺下，怕她冷，拿了毛毯给她。林溪就伏在他的膝盖上，像一只小猫。他看着她睡去，睡颜松弛，毫无防备，睫毛长长的，盖在脸上。那一刻，他真想这个瞬间能够永远停驻，时间的阀门就此关阖。他从未说过，从她告诉自己她的经历开始，他就下定决心，要永远保护她。

林溪说，我还是那个态度，我目前还是把你当成朋友，我确实还是非常谨慎的态度，虽然目前为止和你相处大多数时候是舒服的、没有压力的，但我还是打算持续观察。

陈山说，需要时间，那就多点时间，毕竟现在时间也还很短。持续观察是必需的，我也不会伪装什么，我确实在很多方面也做得不好，这也是我真实的状态，很笨很呆，但是我会学习会改进。那时他们都很勇敢地追逐爱情，但为什么换来的是飞蛾扑火的结局，陈山想不明白。

他问林溪要吃什么，林溪说，吃点汤河粉就好。他煮了汤河粉，一口一口，喂给林溪。又泡了熟普洱，用茶剪，细心地剪碎茶饼。冲泡好，端给林溪喝。他照顾林溪，就像照顾爷爷奶奶一般。

背后的"溪山"两个字，是陈山请一位老书法家写的，笔墨很重，写意非凡。真是巧合，有林溪的"溪"，也有陈山的"山"。那时他真的以为林溪是上天赐予他的礼物。一位懂一点梅花易数的朋友在他对林溪怦然心动的第二天微信私聊他说，陈山，你今年红鸾星动，一定要把握住身边的这朵桃花，她是你的正缘，错过今年，下一次就不知道是什么时候了。他当时大为惊异。因为按理，那朋友应该不知道有这么个人的存在，但他却算到了她，看到了陈山的命盘里似乎真的彰显了林溪的出现。一切似乎都有一种"命"的感觉。林溪在那个冬夜推开店门，风尘仆仆走进来，裹着一身寒气和水汽的样子，时至今日，依然清晰。

第二天演出的时候，主办方给他们安排了盒饭，陈山拿到饭菜的时候，已经冷了大半。他往嘴里送了两口，感觉不对，一阵恶心翻涌上来，赶忙冲到厕所呕吐。他回到休息的厅廊，却只感觉空调冷得像刀，恶心，寒战，还有喉咙被胃酸灼烧的感觉。

朋友给他披了衣服，问他，你还好吗？

陈山把脸埋在胳膊里，闷闷地说，不太好。这次的病来势汹汹。

地震前最后的十五分钟，陈山将半罐铁观音砸向了大伯家的青砖墙。他把这些年对大伯的恨意都尽数倾泻。为什么要赌博？为什么要用他父亲给他的钱去填窟窿？大伯帮爷爷奶奶一起养他，到底是不是图陈绍堂寄回来的生活费？茶叶在阳光下散成一把一把深绿色的碎屑。那时他还无法预见，十五分钟后，地动山摇时，那罐茶叶还躺在院中石板上，而大伯选择在生命的最后时刻，用尽全身力气把他推了出去，自己被压在了垮塌的房梁下。这一年他十六岁，仅仅在天灾发生前一年，他父亲陈绍堂还开着大奔来看过他。不久，他从废墟中离开，他从此远离了这块伤心的土地。此后的每一年，他总在清明节烧两种不同的纸钱，锡箔元宝烧给爷爷奶奶，铁观音单独烧给大伯。每年清明，他还会点燃一支黄鹤楼，插在带有裂缝的香炉边。那是大伯生前最爱的烟。

陈山坐在心理咨询室的沙盘前，用挖掘机模型推翻了面前的十几栋积木房屋。这已经是他介入心理干预的第十个月，他第一次说出了地震前十五分钟的争吵细节。咨询师轻声问他，这是地震当天的场景？他却突然抓起面前的一个年轻的塑料小人，塞进了一辆小轿车，说，这个是我，该去北街，而不是南街……他的眼泪温热，顺着脸颊流进了衣领。北街是他的家，南街是大伯的家。那天他鬼使神差，被一股冥冥的力量拐去了南街，于是和大伯发生了激烈的冲突，他的悔意，大伯再也没有机会听到了。他的手指颤抖着将沙盘划出一条渠沟，那道裂痕最终分割了记忆里的"大伯家"与"自己家"，中间散落着茶叶渣般的碎沙。

大伯被挖出时，惨不忍睹，左脸缺损了一块，那是被坚韧的钢筋贯穿的伤口。陈山的心从此也缺损了一块，这场余震贯穿了他后面的生命，在每一次血脉相连的争吵里复发。他不明白林溪为什么要问他现金流的事。他觉得这是最后一根稻草。这种感觉和当初得知大伯拿陈绍堂给他的生活费去还赌债时一样，让他感觉到了极限。他对咨询师说，我觉得我对她够可以了，她为什么还想去那家黑珍珠餐厅？她说她付钱，你觉得我可能让女人付钱吗？她的意思不还是让我付钱吗？我一直在忍让她，包容她，她为什么还要这样伸手和我要？咨询师说，你为什么要忍让她？

陈山说，我害怕争吵。

咨询师说，关于那家黑珍珠餐厅，你有没有试着说过你自己的想法？

陈山说，没有。

咨询师说，你有没有试着问过她，她是怎么想的？

169

陈山说，她重视仪式感。

咨询师说，那你当时有没有试着告诉过她，你店里的现金流出了一点问题，你需要支持？

陈山说，没有，但她后来发现了，她说要给我钱，我很生气。我不需要支持，我也不想跟她求助。我觉得这是在给她添乱，我觉得她没什么安全感。

咨询师说，是她没有安全感，还是你没有安全感呢？

陈山不说话了。

他和林溪失去联络已有几年，他依然每周一次，坐地铁去香港，找师父练琴。

师父闭眼听琴，说，你的琴还是太躁。松沉松沉，能松才能沉，你的肢体自由了，心神便会自由。同理，你的心神自由了，肢体也会自由。乐思乐感，便源源不断，如开凿的春水。

陈山说，是，我心里躁，所以琴声瞒不住。

师父抬抬眉眼说，古琴是艺术，而艺术需要投入感情，映射感情。但是我觉得，你有点缺乏情感敏锐度，或者说，你这个人不太善于表达情感。你是做生意的好手，学琴也有天赋，但总感觉，差那么临门一脚。

陈山不接话，只是坐在旁边，默默翻着琴谱。师父转过身体，看向陈山，郑重地说，你是四川人，爱吃辣，上次我们三个吃饭时，我记得你说你当时身体有些不舒服，她怕你吃辣加重，趁你离席时，偷偷把夹给你的菜都在茶水里轻轻涮过了。这个小细节，看似不经意，但我觉得很重要。

陈山说，师父，其实爱并不一定要在一起。走得太近，伤害必然会发生。孤独本身并不可怕，可怕的是，在漫长的独行中，逐渐为自己铸造出一身坚硬的鳞片。它们起初是柔软的铠甲，用以抵御外界的冷漠与伤害，却在日复一日的孤独中钙化成牢笼。当有人试图靠近时，你不得不亲手撕下这些鳞片，每一片都连着血肉，每一次剥离都是对自我的否定与重建。

师父学着他的话，对他说，孤独本身并不可怕，可怕的是，你任由它将自己驯化成一座孤岛。岛上的每一块礁石都是你亲手筑起的防线，它们挡住了海浪，也拒绝了潮汐带来的生机。直到某天，你渴望一缕阳光的温度，却发现自己早已在黑暗中进化出了畏光的眼睛。

在我看来，你让我亲近你的痛苦，这是关系里的一种特权。你师母出身上海的艺术世家，是大家小姐，父母都是大学教授，她从小就擅丹青，能作诗词，古典文学底子极好，在香港文坛小有名气。外人眼里，她是淑女，很体面，但是她在家骂我时脸红脖子粗，偶尔还会爆粗口。她洗衣服的时候，会放很大声的屁，还要哼着歌掩饰。我还不敢吭声，吭声我肯定完蛋，这种时候就要装听不见。装听不见是婚姻的第一课。

陈山忍俊不禁，说，师父，这也太尴尬了。

师父也笑，说，但我还是爱她全部的样子。她身上有真正的文人风骨。我爱她光明的部分，也爱她不那么光明的部分。你知道是为什么吗？

陈山说，为什么呢？

师父说，因为我爱我自己身上光明的部分，更爱我自己身上不那么光明的部分。我用了一辈子，修习这门功课。

陈山不语，为师父沏茶。

师父接过他的茶，抿了一口，说，向内求，看自己。看见了自己，你才能看见你的琴。不要去强求清空，我想时至今日，你并不一定理解了虚静空明。你只是强行把自己杯里的茶泼了出去。但如果没有看清楚茶色，就把它盲目泼出去，这些茶还会长出来。我们常说要向内看，看见自己，与自己对话，但可怕的是，有多少人实际上从未真正与它对话。你逃避内心的荒原，是因为你害怕的是那个未被修饰的、赤裸裸的自我。陈山的耳边回荡起罗伯特·约翰逊的《三角洲布鲁斯歌王》，那是林溪最喜欢的一张黑胶。罗伯特是不是在十字路口与魔鬼做的交易，把灵魂送给了魔鬼，陈山没有机会知道，但他清晰地知道自己骨子里恐惧爱情，恐惧亲密关系，就像恐惧魔鬼。他恐惧魔鬼附在他的身体里，恐惧魔鬼的演奏毁灭他的演奏，恐惧魔鬼毁灭他。

师父说，"古之琴士，所存者不在弦，所志者不在声，内得于心，外应于器"，如果你想成为"琴人"，你现在已经是了，并且你完成得很好。但如果你想成为"琴士"，你必须要学会理性和感性的平衡。不要害怕失控，也许你可以试着去真正体验一场真实的亲密关系。你如果长时间把自己困在一种非常压抑的状态里，可能会让你失去对真、善、美的敏感度。

陈山昕共同的朋友说，林溪出差去广州了。但他已经等不及了。他打了一辆车，赶到深圳北站，现场买了一张高铁票，没带任何行李。十六岁的时候，他从深圳北站迈进了深圳，现在他从深圳北站迈出了深圳，但都是人生的崭新节点。

他想他们也许还是可以谈谈，他想再勇敢一次。他决定去找她。

摩伊赖的剪刀

一

丘浦站在了一座庭院前面，头上的天昏黄得像一种发霉的绸布，散发出腥臊的气息。这座庭院看上去废弃很久了，墙是铁色的，门是铁色的，显出年纪，不知道从哪里流出锈水，在铁色的墙上蜿蜒。然而铁色的墙上竟然爬满了红得像火的炮仗花，一串一串炫耀地开着，艳得凄惶。和锈水组合在一起看，倒显得像是炮仗花流下的眼泪。

丘浦推开庭院的铁门，铁门发出尖锐的啸叫，一听就锈得很厉害了。他抬手看去，铁漆碎片淅淅沥沥沾满一手，丘浦变成了蜕皮的蜥蜴。他把手在裤子上粗糙地蹭一蹭，向庭院深处走去。

满地落叶，踩起来脆脆的，落叶的轨迹指向中间独栋小楼的大门。丘浦循着一种莫名其妙的指引，推开了大门。一个落满尘土的客厅。尘土已经厚得像一种灰色的织物，披挂在家具和地板上，用脚轻轻一勾，就是一绺。这里多久没有人来过了？

客厅中央有一幅巨大的人物浮雕画像，是西方的命运三女神，她们分别是克洛托（Clotho）、拉刻西斯（Lachesis）与阿特罗波斯（Atropos），合称摩伊赖（Moirai）。她们是倪克斯的女儿，一起坐在转动的纺车旁：克洛托负责纺出线，象征生命，拉刻西斯负责丈量线的长短，阿特罗波斯决定何时将线剪断，终止生命。丘浦只看得到三女神丰腴的臂膀和层层交叠的衣袂，看不清三女神的面部表情，她们的五官巧妙地被尘土覆盖了。

客厅角落是楼梯，丘浦扶着栏杆往上走，连往上走的动作也是受到指引的。谁在指引？丘浦不知道。他的脚不受控制地往上攀爬，一级一级，一阶一阶。楼梯长得看不见头。他在等待，等待阿特罗波斯什么时候才决定剪断拉刻西斯的楼梯。一扇门在他犹豫时跳了出来，做了一把干脆的剪刀。

他其实是一个很有礼貌的人，若是往常，一定敲门，但这次说来奇怪，他的所有动作都像是设计好的程序。他再次直接推门而入。敲门会让门里的人和事准备就绪，不敲门也许才能最大限度接近真相。他的潜意识如此告白。

门里空空荡荡，只有一把人体工学椅横陈在房间里。人体工学椅上坐着个男人。丘浦走过去，男人也适时转了过来，他们都想知道对方是谁。突然，丘浦脚下一空，木地板竟然现出一个大洞，丘浦掉了进去，"咯噔"，他惊醒过来。

丘浦拿起手机，白色的时间刺眼得可怕，显示 4：05。原来是一场梦。他低头看看自己的衣服和脖颈，在影影绰绰的月光和路灯光线照射下，衣服像斑驳的世界地图，脖颈亮晶晶的，裹满了汗。这桩梦境是他夜间睡眠的常客了，不，熟客了。其实他连续十九年都在做同一个噩梦。

他站在镜子前面，开始慢慢刮胡子。电动剃须刀发出嗡嗡声响。他慢慢清醒过来。镜中人五官锋利，眼珠是琥珀色的，双眼皮，高山根，嘴角向上勾起，显出微笑的模样，其实他没笑。这是时下流行的"微笑唇"，很多人整都要整成这样。眉毛乱匝匝的像风吹过的麦田，野生，蓬勃，但下颌却垮塌下来，撑不住皮肉。这个梦开始于他十五岁的时候，如今丘浦三十四岁。他一直一个人过着不咸不淡的日子，车是从母亲那里开来的一辆老款凌志，后视镜上还挂着一串蜜蜡，他也懒得摘，继续挂着。房子是父母给的，他爹年轻的时候包工程，搞地产开发，脑子活，家里在国内几个一二线城市都有置业。他被安排进了一家央企，做产品经理。他讨厌，但没理由也没办法摆脱。每天踏进办公室就开始胃痛，总感觉每个同事脑袋上都冒着氯气，臭不可闻，尖嘴獠牙，都是披着人皮的怪物。他有时也不知道自己这样活着的意义。啥都有，啥都被安排好了。他是市里最好的重点高中的艺术生，后来高考没考好，但还是去了本市一所普通一本，再后来跨专业去读了港中文的硕士。其实这么回头看看，几乎没吃过什么苦头。但就是高兴不起来，整个人心里是空的，像一棵流失水分的卷心菜，外表体面，绿油油的泛着光泽，内里早就烂心了。他后来刷抖音，看到一条跟"空心病"有关的短视频，对照自己的情况，发现每条都符合。他这就确定了，大概率是"空心病"。给自己套个帽子，顿时轻松很多，因为一切讲不通都有了顺理成章的逻辑，讲得通了。

前一天凌志送去保养，丘浦少有地走进了地铁，在早班车的人群里，被挤成罐头里的沙丁鱼。又觉得车厢困住了他们，一头头困兽被羁押。最近一段时间，他越来越频繁想到了死亡。地铁和站台之间恰好没有阻挡，一切似乎都在方便他一跃而下，消失在隧道的黑暗之间。他不知道是因为自己被这个梦纠缠太久了，还是因为自己内里的溃烂。他觉得自己虚弱。当然，在公司里，他拒绝承认自己是虚弱的，伪饰也要伪饰出坚硬的外壳。他的直属领导曾经拉着他，暗戳戳要他站队。他不肯，于是他从此的生活越发难过。

　　他的思绪还游弋在闭塞的空气里，却感觉旁边有一位女生贴着他抓着栏杆的手臂瘫软下去。他惊讶地看着那妆容精致的女生即将倒在地面上，本能地伸手拽了一把，但没来得及，女生还是跌坐在地铁的车厢里。人们纷纷闪避，像躲一场瘟疫。瘟疫的主角垂着头，一只手被丘浦拽着，姿态诡异，像一场宗教的献祭。丘浦觉得自己最近的思维越来越奇怪，他张嘴喊她，你还好吗？他企图用自己的喊截断自己离奇的思绪。地铁上有列车巡查员，一身装备齐全，走了过来，和他一起把女生扶到了门口，门开了，他们三个一起走了出去。

　　瘫坐在冰冷的大理石板凳上，女生渐渐醒转，说要喝水吃巧克力。巡查员拿了温水给她，丘浦听她的指引，从她的随身小包里拿了巧克力，掰碎给她吃。女生渐渐有了精神，向他们道谢，说，我有低血糖，今天车厢可能太闷热了，一下就气闭过去了。她说话的时候，抬起了一张很干净的小脸。丘浦一时有些恍惚，感到似乎与记忆里某个熟悉的影像重叠了，周遭的噪声在耳边如潮水般退去。她不算漂亮，单眼皮，眼睛不大，但皮肤白得像高瓦数的电灯。发丝挽在耳朵后面，有几根随呼吸起伏飘落下来，像冬夜要下一场雪。丘浦说，没事的，那你现在好点了吗？女生说，我叫甄鹭，谢谢你，留个联系方式好吗？以后有机会，想请你吃饭。

丘浦在写字楼的冷光灯下接起陌生来电，听筒里传来女声，温柔如融化的蜂蜡：我是甄鹭，还记得我吧？他侧耳倾听，望着瓷砖墙的冷釉面，无数个西装革履的虚影在身后溶解，溺水，皮鞋是一尾一尾棕色、黑色、米色的鱼，游向砖缝里的河流。男人的轮廓在波浪状倒影里摇晃，他的臂膀在釉面起伏的丘陵地带沉浮，光与影成了谜。潮湿的南风掠过墙根，瓷砖缝隙里渗出的水珠沿倒影边缘滚动。他的侧脸变成了塞尚的印象派油画，鼻梁在砖面的折射下弯折如桥。

丘浦打开手机，随手百度她，惊觉甄鹭竟然是一位小有名气的深圳青年版画家，在巴黎、纽约和爱丁堡巡回举办过画展。他隐约想起很久以前似乎被前女友带着去看过一次她的画展，前女友拉着他帮她拍照，他关注的却是甄鹭画展里的人。她塑造的都是没有五官和神情的人。他们隐没和穿梭在城市的洪流里。因为没有五官和神情，所以看不出喜怒哀乐。他们似乎和他一样，都是失去了水分的空心萝卜，外表光鲜，内里已经朽空了。

明晚七点，我在华侨城 OCAT 等你。画展明晚结束。她的呼吸声像宣纸在风中轻颤，如果你对无脸人感兴趣。显然她不知道他看过她的展。电话挂断，忙音作响。丘浦捕捉到若有若无的松节油气息，那股熟悉的味道，瞬间将他拽回中学的美术课。他不小心打翻了亚克力颜料，色彩四溅，教室里顿时充斥着颜料和松节油混合的气味。

浏览器的搜索页面还在进行着缓慢的加载，丘浦的工位浸沐在电脑屏幕散逸出的奇异光晕里。百度百科词条的配图中，甄鹭立在巴黎装饰艺术博物馆前，米色亚麻长裙被风鼓成空心的蚕蛹。页面上，她的获奖记录里陈列着《都市褶皱》《空心体》等系列作品，丘浦的目光忽然停驻在某篇评论的标题——《当面孔成为最后的遮羞布》。

他驱车前往华侨城。展厅的落地窗里，《通勤者》系列的无脸人像被吊车悬置在空中，像一群被暮色冻住的候鸟。丘浦将掌心贴在玻璃上，指腹碾过表面的水痕，呼吸哈出的白气在冷玻璃上抹开一片雾面。那些悬空的空洞轮廓忽然比写字楼里的人群更真实，更鲜活。展厅外飘着细雨。牛津鞋底进入展厅，在大理石地面上发出细碎的摩擦声。收束的伞尖垂落下水珠，将展标上的"甄鹭版画个展"晕成一团团的模糊的泪痕，潮气挟持了灯箱，金色字体长出了毛边，像谁在玻璃背面用指尖反复涂抹未干的油彩。签到处的志愿者低头，专心验证他手机里的二维码，亚麻衬衫的褶皱在展厅冷白的射灯下投出锐利的阴影，那张被强光削去明暗层次的脸，与展厅内那些等待悬挂的无脸人像重叠，成了一幅未及勾线的素面速写。

你果然来了。甄鹭从版画投下的深灰阴影里踱步而出，腕间红绳绷成一截即将灼烧殆尽的引信。她的米色长裙布满褶皱，像是被随意团进滚筒洗衣机的棉麻衬衫。那些被水揉皱的褶皱仿佛还藏着未拧干的潮气，在走动时呈现自然的肌理，倒比熨烫平整的布料多了几分鲜活的呼吸感。

环形展厅的轨道灯在头顶织成光网，丘浦数到《空心体》系列的第七个无脸人时，忽然发现每个石膏像的耳后都点着芝麻粒大小的红痣，像被刻意隐瞒的落款。亚麻布幔从天花板倾泻而下，参观者穿行时带起的气流让布料如海浪般翻卷。丘浦的袖扣突然被某片布角钩住，低头解扣时，甄鹭出现在布幔间隙，她的木制耳坠随着动作轻颤。

喜欢这种被包裹的感觉吗？她的声音混着布料摩擦的窸窣，身后的布幔正以奇妙的弧度折叠，构成波峰波谷，褶皱间隐约露出无脸人的剪影，像被潮水冲散又重组的轮廓。丘浦微笑，喜欢啊，你的作品都很特别。

二人沉默着向前移动。来看展的人群在《褪色》系列前聚集，手机闪光灯在巨幅丝网版画上扑朔迷离。画中无数无脸人正在暴雨里融化，笔挺的西装先是晕开深蓝墨点，接着整片化作浑浊水流，底下盘结的赤红色炮仗花藤从腐烂的布料里挣出来，枯萎的花瓣上凝着树脂般的斑点，像是被雨水泡发的记忆。记忆质感冷硬，恍惚间，那些褪色的无脸人形竟在水汽后动了动，仿佛下一秒就会从画框温和地走进真实的雨夜。

丘浦终于将盘旋整晚的疑问吐出口：为什么你会选择无脸人作为你作品的主要对象呢？展厅的射灯恰好调暗了，志愿者和工作人员在暗处匆匆收拾东西，像戏剧舞台的二道幕即将落下。甄鹭转身，亚麻裙摆扫过他的裤脚，面容隐进了画像的阴影里，一片被落日散尽的夜晚浸透的纸页。甄鹭指尖划过画框上未干的清漆，问他，你看过被雨水泡烂的档案照片吗？她的声音像砂纸擦过梨木，带着松节油的涩，又说，相纸烂掉的地方，人脸会先融成模糊的色块，但反而是有些面孔消失后，会露出更真实的骨骼。她这话真是没头没脑，丘浦追问，我的意思是，这些画像里的人为什么没有脸？甄鹭还是没有直接回答：看不到的部分，往往隐藏着巨大的秘密。秘密的戳破需要代价，就不好玩了。丘浦笑，觉得甄鹭有意思，觉得甄鹭好像也没有脸，神秘。男人都喜欢神秘的女人，太快像剥笋一样把自己解剖干净，男人就会失去兴趣。

甄鹭送丘浦去停车场，身姿优雅。她说，其实我们都在等一场雨，把那些糊在脸上的东西冲干净，剩下的骨骼才是真实的。丘浦的老破凌志驶出了华侨城，炮仗花正被夜雨浇得发亮，橙红花瓣在路灯下像跳动的火舌。雨珠在玻璃上划出不规则轨迹，将街景融成流动的版画，无数个行色匆匆的自己在雨幕中重叠、褪色，一个穿着红色连帽衫的男孩从前挡风玻璃闪过，还没等他聚焦，就被雨刷器扫进了黑暗。

二

甄鹭的工作室藏在华侨城创意园的一个锐角空间里。丘浦推开玻璃门，穿堂风吹向整面墙的无脸人版画，纸在铁夹上哗啦啦翻动，似千百只白鸽要从画框里振翅而飞。西晒的阳光斜穿过木格窗，将她垂落的发丝镀上毛茸茸的金边。发梢沾着的一些未及扫去的版画碎屑在气流里轻轻浮起。

他和甄鹭讲了缠绕自己十九年的梦。梦里，他如何一次又一次卡在最后一步，那把椅子每次都转过来了，但是他从来没有看到过椅子后的脸。那梦境是口深潭，每次都从同样的场景开始：丘浦一次又一次踏入那片古老神秘的废墟，寂静弥漫于四周，难以言表，时间在这一刻悬停。月光稀薄，庭院破碎，于是稀薄的月光破碎地照在这片被遗忘的土地上，画面也破碎，记忆也破碎，梦境也破碎。丘浦被无形的力量牵引，向庭院深处走去，向藤蔓缠绕处走去，神在低语，自然，魔法，蛤蟆，泥土，历史，谜语。他一边叙述，手指一边沿着胡桃木工作台滑动，掌心的汗渍像软体动物爬行而过，留下一道湿润的轨迹。他望着墙上悬垂的亚麻布，上面挂着未完成的版画草稿，在风里晃出模糊的人形，与梦境里的废墟重叠：潮湿的沙子，断裂的廊柱。

甄鹭问他，有没有想过把它们画下来？

丘浦说，我哪有这个能力？

甄鹭说，那好，带我进去，我来试试。

甄鹭跟着他的讲述，踏入庭院，目光抚摸客厅中央巨大的人物浮雕画像，那西方的命运三女神，是命运的纺织者、分配者与切断者。克洛托的石像手中紧握着一根纺锤，眼神深邃，仿佛能洞察世间万物的命运轨迹；拉刻西斯优雅地伸展着手臂，轻抚着一条无形的丝线，那是每个人生命的编织线，细腻坚韧；风轻轻碾碎了沙土，阿特罗波斯静静地站在那里，手中握着一把锋利的剪刀，眼神冷冽，仿佛在等待成熟的某一刻，无情地切断命运的联结。突然，三女神的石像开始缓缓移动，仿佛从沉睡中苏醒，带着一股不可抗拒的力量。空气中回荡着吟唱，低沉，悠长，讲述着过去、现在与未来的交织。

十五岁那个夏天足以改变我的一生。那个下午，任我如何费心回忆，都不过是和平常差不太多的，司空见惯的，普通的下午。我甚至清晰地记得自己是如何站在镜子前面，一寸一寸洗自己的脸。皮肤渐渐红了，然后紫了，最后渗出血点。那是毛细血管破裂的征兆。我反而没有流泪。眼泪干涸了，在雨水里浸泡太久，于是倒灌回疲弱的泪腺，再也无法垂直做自由落体运动。

铜版画机在窗边投下斜长的影子，松节油的气味裹着空调冷风在工作室里浮沉。丘浦大汗淋漓，挣扎着醒来。女生停下刻刀，防护手套上的亚麻仁油有往下淌落的趋势。甄鹭把手套摘去，轻轻抚摸他的额头，像哄睡迷惘的婴孩，说，没事的，我在你身边，不要害怕。

蝉鸣海风撕扯着七月的溽热，浪花在礁石间迸裂成无数碎玉，海白菜随波摇曳，发出沙沙声。丘浦蹲在海滩上翻找贝壳。他对博物学异常痴迷，喜欢画画，十五岁时，他的人生理想就是成为一个画家。细腻的白沙在趾缝间温柔流淌，带着丝绸般的凉意，随脚印形成深浅不一的凹陷纹路。十五岁的脊背弯成青虾，汗珠顺着脊椎沟滚进松垮的背心。弟弟丘明和陌生女孩的嬉闹声从身后传来，像两只初试羽翼的雏鸟扑棱在夏风里。丘浦俯身细察贝壳表面，能读到大自然的手稿。贝壳是海水的调色盘，米白、橙红、钴蓝、淡紫的贝壳随意散落。芋螺壳的斑点和花纹像打翻的颜料盒，青蛤壳光泽温润，彩虹贝壳干涉海洋的波光。有些贝壳的环状生长纹如树木的年轮，记录着潮汐涨落的周期，海螺的螺纹像逐渐收拢的弹簧，扇贝的放射状肋纹似展开的折扇骨架，牡蛎壳的层叠结构像地质剖面。当潮水再度漫过，所有被捡拾或遗落的贝壳，都将带着人类的指纹与叹息，回归自然的浪涌的节律。

丘明突然举着一枚漂亮的贝壳奔来，喊道，哥！看我找到了什么！十岁的脚掌拍在热乎乎的沙子上，泛起嫩红。贝壳边缘锋利，刀口残留着水藻的腥气。海风掠过，丘浦眯缝着眼，接过贝壳，漫不经心越过贝壳看过去，对岸的模糊山丘和一些高高矮矮的建筑在热浪中摇晃，建筑上散落分布的小小的玻璃窗像无数只空洞的眼睛。丘浦把贝壳罩在弟弟耳朵上，笑着问他，你听，有没有大海的声音？丘明一脸惊喜，真的有，哥，你好厉害！这是为什么呢？丘浦笑笑，只说了三个字，是魔法。贝壳内壁与耳道的弧度意外契合，将贝壳贴在耳边，便听见了记忆中海浪的混响。那些被冲上岸的空壳，最终会碎裂成沙粒，不见踪迹。

丘明又突然目露惊喜，注意力被吸引，哥，你看那边，有水母！丘浦已经低下头，继续翻找着厚实的沙壤里埋藏的贝壳，头也不抬，说，是吗？丘明把贝壳给丘浦，兴奋地跑了过去，哥，我去那边看看。

退潮后的滩涂上，霓虹桁水母的伞状体像一块块被黄昏摩挲的玉，这些半透明的凝胶质生物狡黠地搅动海水，伞缘流苏状的触须随浪轻摇。丘明蹲在礁石边，痴迷地观察水母的动作。水母向海水深处游去，潮痕线悄然爬升，离岸流张开了大口，丘明却浑然不觉，踢开凉鞋，跟随着踏入。丘浦的电子手表显示下午三点二十七分，这个时刻后来无数次在丘浦的梦境中闪回。当海水漫过男孩的牛仔短裤时，丘明伸手想抓住最近的那抹幻影，指尖传来针刺般的灼痛，海水在此处形成涡流，表面平静如绸，实际上默默带着他偏离了海岸线，丘明的脚踝被吸陷进流沙中。丘浦疾奔回房间，和父母求救。当母亲冲向海水，看见的是小儿子的红色连帽衫在浪尖忽明忽暗，像克洛托纺锤上即将崩断的丝线。母亲的尖叫刺破了午后凝滞的空气。丘浦看见弟弟的后脑勺在海面上沉浮，红色连帽衫浮了起来，刺眼，刺痛，刺耳。他冲向水边的动作像被按了慢放键，十五岁的躯体突然重若千钧。

　　后来的事，在记忆里崩裂成尖锐的瓷片。母亲的哭声撕心裂肺，海边栖息的鸥鸟，被这突如其来的变故惊得四散而飞，扑腾着翅膀慌乱逃离，远处的渔人发现险情，迅速抛下救生圈，在海浪间起伏漂来。我记得当我拼尽全力攥住救生绳的那一刻，粗糙的尼龙纤维像锋利的刀刃，瞬间在掌心割开一道道血口，殷红的鲜血缓缓渗出。绳结之上，弟弟的体温似乎还未散尽，带着一丝温热。大人们把丘明捞上了岸，下海前他偷偷揣在裤子口袋里的芒果干，统统从裤子口袋中掉落出来。急救人员争分夺秒地按压男孩单薄的胸腔，被碾碎的芒果粒混着海水，从丘明的唇角不断溢出，甜腻的香气在炽热的暑气中肆意弥漫，却诡异又残忍地与死亡冰冷、肃杀的味道交织在一起，发酵出一种令人窒息的绝望。

甄鹭望向垂眸讲述的丘浦，他的喉结无意识地滚动，说话时，睫毛在颧骨上投下淡青色的阴影。空间里，松节油的气味突然变得潮湿。窗外的凤凰木火色流霞，花之灼灼，伞状树冠展开如垂天之云，枝丫舒展的姿态像凤凰振翅欲飞。

守灵夜死寂沉沉，唯有吊扇徒劳地搅动着凝滞的悲伤。丘浦直挺挺地跪在冰棺前，双目失神，一眨不眨地数着弟弟睫毛上凝结的霜花，霜花细小而晶莹。

为什么死的不是你？一句呓语冷不丁从梦魇深处传来，在这寂静夜里，如鬼魅般缥缈难辨，不知究竟出自谁口，裹挟着夜风，从半开的窗户悄然渗进，钻进丘浦耳中。他浑身猛地一颤，下意识将脸深深埋进弟弟的校服外套，贪婪地嗅着那残留的芒果干气息，仿佛这样便能抓住往昔生活的一丝温热。当晨光悄然爬上窗檐，丘浦才惊觉，自己的掌纹里不知何时嵌进了海沙，无论怎样用力搓洗，水流淌过掌心，海沙却似长了根般，从此怎么也冲不干净。

葬礼当天，暴雨倾盆而下，似要将世间所有悲伤宣泄殆尽。丘浦怀抱着装着弟弟骨灰的盒子，艰难地迈向墓园。母亲原本被亲友搀扶着，步伐踉跄，眼神空洞。可就在瞥见弟弟即将下葬的刹那，她像发了狂般，猛地挣脱搀扶，不顾一切地朝着弟弟扑去，嘴里声嘶力竭地呼喊着弟弟的名字。亲友们见状，赶忙伸手去拉，可母亲力气大得惊人，几人费了好大劲才将她拉住。此时的母亲，双肩剧烈颤抖，哭声悲恸欲绝，那颤抖的弧度竟像翻涌的海水。慌乱间，她手腕上的佛珠串"啪"的一声断裂，一颗颗圆润的佛珠叮叮当当滚落一地，散落在泥泞之中。

母亲猛地转身，指甲狠狠抠进丘浦的肩胛，大喊，为什么你要带着阿明下水？为什么你不阻拦他？你把阿明还给我！尖锐的疼痛瞬间袭来，丘浦却好似没了知觉，任由母亲在自己皮肤上犁出一道道带血的月牙印。僧侣低沉的诵经声混着磅礴雨声，在天地间轰鸣回荡。丘浦恍惚间望向弟弟的遗照，雨水顺着镜框不断滑落，照片上的笑容竟渐渐模糊，慢慢幻化成无脸人的朦胧轮廓。

丘浦一个人坐地铁到了海边，如行尸走肉般游荡。不经意间，他瞧见一把生了锈的剪刀静静浮出水面。剪刀柄上的红绳被海水泡得褪去了原本的艳丽，成了黯淡的淡粉色，仿若失血的伤口，刃口在日光下却莫名闪烁着锋利的寒光。鬼使神差般，丘浦捡起那把剪刀，回到家后，他翻出所有自己和弟弟的合影，用这把海边的剪刀机械地绞碎照片里自己的面容，丘浦变成了无脸人。碎纸屑如雪花般纷纷扬扬飘下。

以后，班主任发现丘浦总是神情恍惚，对着画纸反复画一些凌乱的线条。那些线条在他笔下纵横交错，起初杂乱无章，可到最后，竟慢慢织成了一张密不透风的网，而网中央，始终留着一个空白的人形，没有脸，仿佛在无声诉说着什么。班主任忧心忡忡，打来电话，委婉提及丘浦的情况，可父亲听闻，却怒不可遏，吼道，老师，这件事目前不适合在我们家提。您如果没别的事，请不要再提这件事了！

梅雨季如期而至，空气里弥漫着潮湿腐朽的气息。丘浦愈发觉得浑身不对劲，自己的身体好像成了一个怪异的容器，皮肤开始源源不断地渗出一股刺鼻的海腥气，无论怎样洗澡，那股气味依旧如影随形。每到夜晚，黑暗中，他都能清晰地听见床底传来汩汩水声，那声音幽微却又极具穿透力，像恶魔的低语。可每当他战战兢兢掀开床板，却只瞧见干燥的尘絮，在昏黄的灯光下肆意飞舞，哪有半滴水的影子。

有一天晚上，丘浦实在睡不着，干脆坐在书桌前，眼神呆滞，手中的笔在习作本上缓缓游走。不知过了多久，他终于画完了一幅完整的场景。画面里，丘明站在海水中央，面带微笑，回首望向岸边，手中握着一柄闪烁着银光的剪刀，无数透明丝线从刃口源源不断地延伸出去，如灵动又致命的蛇，缠住每个路人的脚踝。母亲打扫房间时，不经意间发现了这幅画。她的目光瞬间凝固，嘴唇微微颤抖，沉默良久后，缓缓伸出手，将画纸一点点撕碎。暴雨再次肆虐，雨势厚重如瀑，裹着泥沙奔涌而下。丘浦站在窗前，望着窗外一片汪洋，自己多年来深埋心底的愧疚和痛也顺着雨幕汹涌奔腾，一路咆哮着冲向珠江口和大鹏湾的入海口，最终汇聚成永不复返的汹涌潮汐。

三

甄鹭把手轻轻放在丘浦的桌上，看向丘浦，问他，你有没有觉得，我们在哪里见过？丘浦疑惑地抬头，盯着甄鹭看了很久。阳光穿过工作室的百叶窗，在她的侧脸烙下一道一道的黑白琴键，明暗交错。他握着的冷泡茶杯壁流下了汗珠，他的茶杯痛得大汗淋漓，记忆的某个抽屉被粗暴拉开。

那时，甄鹭总在画室的西南角支起画架，那里有一整面的落地窗。她不怕晒，坐在那里，只是为了求得一方安静。

直到那天，三个女生把涮笔筒的脏水泼向她的水彩作业，被稀释的群青色顺着甄鹭临摹的《鸢尾花》淌下来，像梵·高割耳后包扎纱布渗出的血渍。丘浦冲了进来，手里还攥着石膏像写生的炭笔，他的运动鞋因急速跑动，在画室地砖上擦出了刺耳声响，惊飞了窗外正在啄食的灰斑鸠。

丘浦是美术班里最受欢迎的男生，总坐在倒数第三排靠窗的位置，校服外套着的帆布围裙洗得泛白，袖口随意挽起时露出的小臂线条，像他速写本里那些未完成的石膏像弧线。他后颈被阳光晒出的淡褐色分界线都透着工整，像是用4B铅笔在素描纸上轻轻画出的过渡阴影。

上课铃响起，女生们的目光会追随着丘浦，看他穿过教室。目光里有两束来自甄鹭。甄鹭青春期时很胖，很黑，留着厚厚的刘海，戴着黑框眼镜，缩在教室最角落。她看得到他的肩膀很宽，头发总是洗得蓬松发亮，耳后有一颗芝麻粒大小的红痣。他调色时习惯用笔杆轻敲调色盘边缘，发出轻微的嗒嗒声，用炭条侧锋扫出的衣褶总是漫不经心地裹着光。女孩子们藏在储物柜的速写本里，早攒满了同一个侧脸，有时是丘浦逆光里模糊的轮廓，有时是他低头削笔时滑落的刘海。

丘浦问她们，你们在干什么？什么意思？

女生们都不说话了，面面相觑，谁也不想在丘浦心中留下不好的印象。

欺凌者继续往甄鹭的储物柜塞腐烂的静物水果，或者在她的素描本扉页写脏污的句子。甄鹭不爱多说什么，也不反抗，只是默默用美工刀一点点刮去污言秽语。他于是默默把自己的崭新的本子换给她，封皮内侧写着："裂缝是光照进来的地方。"他努力用身体挡住甄鹭，任由那些无声的咒骂像坏掉的丙烯颜料般糊满后背。

出事后，丘浦没有和任何一位同学道别，更没有和甄鹭道别，注销了QQ，他家也换了电话号码。从此，丘浦在人间蒸发，音讯全无。甄鹭后来去了深圳国际交流书院，再去了英国读艺术方向的本科和硕士，瘦了很多，换了发型，褪去了橘子皮一样晦暗的肤色，摘掉了黑框眼镜，整个人像博物馆展柜里的薄胎瓷瓶。

丘浦摩挲着白瓷咖啡杯的裂痕，试图把眼前清丽的女人和记忆里那个微胖的、自卑的女孩拼贴在一起。秋雨绵绵的午后，穿蓝白相间的校服的胖女孩曾经蜷在美术教室角落，用美工刀狠狠划破画纸，油彩混合眼泪在圆脸上流动成混沌的河流。如今她转身取东西时，扎染长裙裹着清瘦腰线。曾经被嘲笑的"香肠手指"，如今在银戒和青金石手链的修饰下，优雅极了。曾经外凸的牙弓让甄鹭的嘴唇总不自觉微张，如今隐适美牙套塑造的颌面线条，使原本局促的五官有了舒展的留白。男人注意到她捏画笔的右手小指仍习惯性内扣，这是长期握炭笔矫正握姿留下的肌肉记忆。

她抬手绾发脖颈扬起的弧度让男人想起曾撞见她沉默着临摹莫迪里阿尼的肖像，彼时她臃肿的校服外套上还沾着被人恶作剧泼洒的橙汁。此刻，工作室里的钴蓝与赭石交织，隐约可见肥胖少女的轮廓。丘浦终于挤出了一句，我想起来了。

水晶吊灯倒着生长在了骨瓷汤碗边沿，母亲涂着裸色甲油的手指擦过碗口并不存在的污渍。餐桌是整块意大利黑胡桃木定制的，歪歪扭扭映着三张被拉长的脸。父亲的银丝眼镜架在鼻梁中段，镜片后的视线始终落在丘浦身上。

母亲用描金汤勺搅动汤盅，汤底的金华火腿碎像沉船遗骸般浮沉。母亲说，松茸鸡汤要凉了。她说这话时，很软，很慵懒，她给丈夫舀汤时，金镯子磕在碗沿发出细响。

清蒸帝王蟹冒着热气被端了上来，母亲将蟹钳放进丘浦碟中。母亲这个动作让丘浦想起十二岁那年，弟弟和他在客厅席地而坐，弟弟非要抢他手里的游戏机。母亲温柔唤来二人吃饭，也是这样把蟹肉剥好分给两人。

母亲突然站起，说，我让陈姐包了荠菜馄饨，今天阿明离开我们十九年了。真丝旗袍上的苏绣玉兰花随动作轻颤。

母亲还欲往下说，丘浦打断了她的话，喊，妈，食不言寝不语，您教我们的。丘浦的银叉在瓷盘上拖出刺耳声响，目光里有哀求。他看见母亲旗袍开衩处露出的皮肤有块淡褐的瘢痕，那是弟弟周岁时，她追着喂饭摔的。外面开始下雨了，雨点砸在玻璃上的声音填补了沉默。父亲推开吃到一半的蟹盖，内壁残留的蟹黄像干涸的血痂。母亲一失手，打翻了醋碟，蹲下去拾取。丘浦看见她后颈的皱纹像被风吹皱了的瘦西湖。

丘浦闷声闷气地在心底问了一句，爸，妈，你们到底恨不恨我？这个问题在他心里盘旋了很多年，随着时间推移，渐渐变成了振翅欲飞的斑鸠群。如果恨，为什么给他安排工作，为什么给他房，给他车，给他衣食无忧的后半生？如果不恨，为什么从此用客气和疏离竖起透明的墙，作为无声的，不见血的惩罚？丘浦把杯里的红酒一饮而尽，也把问题一饮而尽，这样的问题，他开不了口。

记忆总在雨天肆意发酵。丘浦站在公司落地窗前，望着暴雨如注，冲刷着城市。手机在掌心发烫，甄鹭的语音消息裹着电流声传来，背景里，还夹杂着木刻刀刮擦的沙沙响声。丘浦凝视着二十六楼下的车流，雨幕中，每一把雨伞都是漂浮的红色泳帽。他决定去一趟最近的游泳馆。

蝉鸣声声，尖锐刺耳，如同一根根尖针。丘浦形单影只地站在泳池边。如今，他已三十四岁，可在这具躯体深处，依旧蜷缩着那个十五岁的少年，透过时光的模糊的毛玻璃，痴痴凝视着泳池水面泛起的波光。海水的气味，像条冰冷滑腻的蛇，顺着鼻腔蜿蜒游进记忆最深处，唤醒那些被刻意遗忘的伤痛。脚下的青石砖缝里，青苔肆意滋生，绿得刺眼，恰似他这些年疯长蔓延的负罪感，怎么也压不住。更衣室方向传来了孩童嬉笑打闹的声音，清脆活泼，在空气中回荡。丘浦恍惚间觉得，这声浪似曾相识，竟与十九年前那个噩梦般的午后重叠在一起，往昔的痛苦与如今的怅惘，在这一刻，如潮水般将他彻底淹没。

丘先生？一个温和而略带试探的声音突然响起，将丘浦从沉思中唤醒。他转过头，看见保洁员推着清洁车经过，车轱辘碾过防滑垫，发出拖沓的响动。保洁员脸上挂着礼貌的微笑，说道，闭馆时间快到了。丘浦这才惊觉，自己已在这泳池边缘呆立了整整两小时。他缓缓抬起头，夜色不知何时已悄然笼罩，将池水染成了铁锈色，那颜色像他梦中庭院的围墙。他突然做出了一个决定。

他推开更衣室的磨砂玻璃门，像条逆流而上的鲑鱼。消毒水与旧皮革混合的气味涌进鼻腔，成排的灰绿色储物柜像沉默的卫兵，铁皮表面结着细小水珠。他选定一个柜子，钥匙圈在寂静中发出清脆声响。裤子顺着髋骨滑落，像蛇蜕下

196

最后一层冬眠的皮囊。当冰凉泳裤的布料贴上皮肤，他的肩胛骨倏然收紧如拉满的弓。他将换下的衣物叠成整齐方块，井然地放进柜子深处。

丘浦跃入水中。

他是被水呛醒的。他试图让自己溺亡在泳池里，但当他睁开眼睛，看见的是甄鹭。

甄鹭打开冰箱门，冷气漫过她锁骨处的松石项链，金属层架上并排立着威士忌与伏特加瓶。甄鹭问，喝一点儿吧？冰块坠入玻璃杯，发出声响。甄鹭用镊子夹冰块，冰块将杯中酒冲撞出雪白的浪，像一场秘密的雪崩。甄鹭看着他一口口将酒喝下，露出满意的神情，像在看一个小孩。

木屑变成雪片，从甄鹭手中的刻刀下纷飞四溅。她全神贯注，正雕琢着新版画的母版，梨木之上，两个男孩的轮廓渐次清晰：高个子的男孩，耳后藏着颗不易察觉的痣，矮个子的，穿着一件红色连帽衫。甄鹭身着亚麻围裙，围裙上靛蓝扎染的云纹，随着她的雕刻动作起伏，在午后的暖煦光线里缓缓舒展。刻刀在梨木上辗转，犁出深浅不一的沟壑，两个男孩的衣纹愈发清晰。

丘浦说，你在做什么？

甄鹭说，把你的痛留给刻刀，刻刀痛了，你就不痛了。

檀香在加湿器的白雾里愈发浓郁。甄鹭学着老师教给她的手法，将刻刀斜切入木，刀柄硌得虎口发烫。老师说过，真正的衣褶不是刻出来的，是顺着版画的肌理长出来的。梨木碎屑掉在她的围裙上，像落在青瓷盏里的细雪。她曾手把手教甄鹭感受梨木深处的纹路，那些以年为单位沉积的时光，正在甄鹭的刀尖上苏醒。

当时，岸上没有大人。丘浦的声音陡然崩塌成气音，好像被按进了深水，呼吸困难。中央空调徐徐吐出冷气，丘浦穿着白衬衫的后背却冒出大片汗渍，紧张与痛苦交织。十九年来，那个盛夏的片段，始终如卡在旧放映机里的胶片，反复播放：红色泳帽在海面漂浮，像一颗熟透的草莓，海底，那把剪刀静静沉眠。

丘浦站在褪色铁门前，炮仗花在锈蚀的栏杆上热烈燃烧，红得夺目，谁将晚霞撕碎，肆意粘在藤蔓间，明艳却又带着几分沧桑。他下意识地搓动手指，掌心凉意依旧盘踞。铁门推开，扯落大片棕红色铁屑，落在他磨白的牛仔裤上。二十年前刷的防锈漆早已皲裂成鳞片状，庭院中，厚厚的法国梧桐落叶铺了一地，每迈出一步，都激起细微的爆裂声，像医用棉球在酒精里膨胀时发出的动静。

三女神浮雕蒙着一层灰絮，失了往日光彩。克洛托纺锤上的丝线结满蛛网，破败不堪，拉刻西斯的量尺被掰断半截，阿特罗波斯举着的剪刀倒是完好，只是刃口凝着暗红色锈斑。踏上楼梯，木板在脚下发出衰老的呻吟。他数到第十五级时，台阶上突然显出了水渍形状的鞋印，父亲年轻时常穿的方头皮鞋款式。那年暴雨夜，那双鞋曾载着醉酒的身影在楼梯上踏出凌乱轨迹。如今，鞋印边缘正缓缓渗出铁锈色的液体，顺着木纹蔓延，汇聚成细小的溪流。

阁楼门把手上竟然缠着医用胶布，这是新的变化吗？丘浦推开门，输液架上的玻璃瓶叮当作响，夕阳透过百叶窗，将影子吹进飞扬的尘埃，光影交错，如梦如幻。人体工学椅背对着他轻轻摇晃，椅背上搭着件袖口发黄的病号服。当那截插着留置针的苍白小臂从扶手侧边垂下，丘浦踉跄后退，慌乱间撞翻了墙角的氧气罐。伴随着金属撞击的巨响，人体工学椅在那一刻转过来了，缓缓转了过来，十九年了，他终于看到了那张脸，终于看清了那张脸，丘明的脸，在海水里泡发的脸。苍白，肿胀。地板塌陷，顷刻间，一切灰飞烟灭，丘明也灰飞烟灭，他闻到了炮仗花汁液混着双氧水的刺鼻气息。

惊醒时，外面已经天色大亮。丘浦摸到枕畔湿润的水渍，不知是冷汗还是泪水。电动剃须刀嗡嗡作响，镜中人在泡沫下若隐若现，像枚被岁月冲上岸的贝壳。

甄鹭将新母版浸入染料，动作轻柔。丘浦凝视着，看着两个男孩的轮廓在药水中渐渐显影，画面逐渐清晰。时光的裂缝里，十岁的丘明正踮着脚，努力够向储物柜顶层，转头时，露出沾着芒果干碎屑的门牙，笑容灿烂。新版画《摩伊赖的剪刀》正在进行最后一道工序。滚轮缓缓滚动，将油墨均匀地压进纸纤维，就在那一瞬间，泳池底部的两个男孩像是被注入了生命，突然睁开了黑色的眼睛，眼神灵动而有神。甄鹭伸出手指，轻轻指向克洛托手中缓缓转动的纺锤，神色平静，丘浦，你弟弟比我们更早看透命运，生命的线，摩伊赖的剪刀，从来不在女神手中，她双手捧着版画，迎着阳光举起，光线透过纸张，让画面更显通透，而是在我们自己手上。丘浦静静地听着，伸出手，抚过画中男孩剪刀下的月光，指腹真切地触到了一丝灼热，月光带着温度。

　　丘浦再次踏入那座无数次在梦中出现的庭院。命运三女神的浮雕褪去了往昔庄严肃穆的神性：克洛托的纺车正悄无声息却有条不紊地运转着，每一圈转动，似乎都在编织着命运的丝线，拉刻西斯手中的量尺，精准地丈量着人生的轨迹，阿特罗波斯的剪刀，正徐徐剪开漫天星光，照亮了庭院的每一处角落。不同的是，这一次，楼下的炮仗花墙开得愈发灿烂，花丛中，一个穿深蓝工装的雪白女孩正专注地写生，听到窗户响动，她抬起头，露出灿烂的笑容。

螺

一

　　傍晚的地铁上挤满了人，纷纷化身铁皮罐头里的沙丁鱼，完整的蓝色衬衫，白色衬衫，黑色皮包，彩色午餐保温袋都被挤成了零碎的形状和色块。橄榄油，植物油，食用盐，水填塞了肉与肉之间的缝隙，发出油腻的，湿淋淋的，疲惫的味道。头顶的警铃声大作，他奋力从站台上的人群里突围，挤进了沙丁鱼中间。于是，他也发出了油腻的，湿淋淋的，疲惫的味道。

　　地铁开动了。他已经不再年轻，顶着巨大的肚子，像顶着一枚神秘的螺壳。他的螺壳挤到了前面一位年轻女孩，对方有些嫌恶地皱皱眉，他知趣地微微侧转身，显出笨拙和局促，旋即意识到这种侧转身并没有改变肚子占据的空间。

21世纪初，他还是深圳一家假日酒店的大堂经理，一个月拿四千六百块。有天晚上，他计划带着读小学的女儿一起参加饭局，让两个女服务员跟在他身后。女儿打开家门，看到两个年轻漂亮的姐姐，害羞地躲进了房间，摆弄起书桌角落的书本。女服务员脱掉了制服，穿着当年流行的低腰牛仔裤和露脐背心，长手长脚，把肢体扭摆成美丽的姿态，斜倚在女儿房间的门上，问她功课做得怎么样了，笑声是一串串的铃铛，碰撞在一起发出清脆声响。他们围着酒店二楼西餐厅的餐桌坐下，他教女儿把白色的桌布角放在自己的膝盖上。杏鲍菇被淋上了一种特制的酱料，和一种甘美的螺肉一起躺在雪白的盘子里。女服务员嗲嗲地喊他"经理"，像容器里的杏仁露豆腐，透出冰冷的清甜。

"经理，你女儿问你，这是什么螺？"

他陷进了白花花的杏仁露豆腐里，桂花酱一股脑灌进了他的上呼吸道，呴得他喘不上气。

地铁里的人流稀了一些，空调变冷了。他终于等到了一个属于他的座位，走上前，把酸痛的腿放了上去。他低头看着自己的腿，干瘦，胫骨细而长，洁白的脚趾隐没在深蓝色的卡骆驰拖鞋里，像银色的鱼类一头扎进望不到底的深海。一场大雪过后，女儿消失了，脚印消失在了老家的院落尽头。少得可怜的摄像头没有记录下女儿的身影，警察表示能力有限。随着时间推移，这件事变成了风干的青口，慢慢搁浅在礁石的缝隙里。亲戚朋友也曾尝试着帮忙转发寻找女儿的消息，但最终一切还是慢慢归于不可阻挡的平静。卡骆驰拖鞋是假的，正牌的英文拼写本来应该是"crocs"，一双差不多要大几百，他在一家小店买了这双"corcs"，一双只要四十多，但远看还是"crocs"。放在膝盖上的手青筋分明，和脚趾一样洁白，掌心红润，但时不时冒着手汗，湿黏极了。这本来应该是一双拿钢笔的手。

他小时候成绩很好，脑子聪明。作为省报首席时政记者的父亲总穿着藏青中山装，口袋别着两支钢笔，常常在深夜伏案撰写社论，或者带着海鸥相机奔赴抗洪前线，全国各地出差。母亲是市立医院的主任，白大褂口袋里永远插着听诊器，办公桌上堆满病理报告，那些康复患者送来的锦旗，在办公室墙上舒展成一片灿烂的云霞。他和大哥、二姐、四弟一起被母亲和爷爷奶奶拉扯大，父亲始终是缺位的角色。不过父亲每次回家，还是会先问母亲他们几个的表现。他往往和四弟靠在一起，互相从身后揪住对方的衣角，大气也不敢出。等母亲把他们的罪状挨个说完，父亲总要喊他和四弟跪下，然后抽出腰上的皮带。有时骂得激动了，干脆直接一脚端在他们的背上。他一直记得。

他皮归皮，念书却真的用心了，写一手漂亮的、有力的钢笔字。班主任跟他父亲说，他的成绩考个像样的大学绰绰有余，所有人都对他寄予了厚望。他在高考前一个礼拜从凳子上摔了下来，脸色青紫。

父亲吓得双腿发软，把一米八的他放在了自己并不宽阔的肩膀上，从职工家属楼顶层往下跑。楼道里有尘土飞扬的味道，也许是因为堆叠了太多的煤块，阴冷，干燥，呛喉咙。多年以后，他在南方的梅雨季节，总是想起那股味道，被记忆加工美化，和眼前的油腻，湿淋淋，疲惫遥相呼应，一时竟分不清他是在十八岁的北方楼道里，还是在五十二岁的南方地铁上。

他醒来的时候，满眼都是白色。白色的床单，白色的枕头，白色的护士和大夫，白色的墙。只有来苏水是红棕色的，冒着甲酚臭气。他着急地探身问白色的大夫，他还能不能参加高考？白色的大夫说，不能。他得的是气胸，发病急，在一九八七年的高考前夕，奏鸣曲敲下了中止符。十八岁的他很帅，高鼻梁，双眼皮，大眼睛，睫毛像两把遮阳伞，伸进金色的夕阳。他顶了一张电影明星的脸，一张似乎铺了星光大道的脸。他将自己埋进白色的被子和眼泪里面。

第二年，父亲安排他在本地最好的中学复读。他坐在桌前，嘴里咬着钢笔，脑子想的却是外面的世界。昔日的同学给他来信，说的都是外省的学习生活如何精彩，他的心也痒了起来。与此同时，那座命中注定将要和他发生交集的南方城市还只是地图上的一个点，被一支笔圈住，轨迹从此大变。一家新建的大型酒店发出公告，要招聘一批客房服务员，一个月给二百二十块。他心动了。要知道，父亲在内地已经干到了高工，一个月不过拿一百二十块。

复读确实是不错的选择，但不知道自己这样辛苦学一年，最后会考到什么层次的大学，更不知道读完四年后，他一个月能赚多少钱。现在的二百二十块是摆在眼前的，是真实的，是赤裸裸的，是直观的，不用猜测，不用担忧。父亲用了二十六年，才走到了一个月一百二十块的位置，但他现在一步不用走，只要过了这家酒店的笔试面试，他就能拿到二百二十块的体面待遇，一步登天。

一九八八年的燥热夏天，他只身南下，背着巨大的双肩包。站了一路，没有座位，车厢燥热，昏昏沉沉。下火车后，他的眼皮一直打架，但还不能睡，要帮同行的年轻女孩搬行李，从车皮里一趟趟撇出到地面上。怨气和热气裹卷住他，他的汗成股流下，在衣服上留下了大片的白色的盐渍。这里是真的热，胃口变得很坏，他满大街找一口家乡的面，都找不到。他把行李放进酒店的集体宿舍，老乡给他递了一碗绿豆汤，冰镇过，很甜，豆子没有完全煮烂，有些搠嗓子。他第一次见到绿色的绿豆汤，新鲜极了。他小时候见过的绿豆汤都是红色的。

他用那双拿钢笔的手擦马桶，铺床单。他多年后教女儿，两只手拎住被子的两个特定的角，一抻，一展，一对折，被子就叠好了。他有些得意自己叠出了完美的、工整的被子。女儿对此不置可否。女儿高考完问他怎么填报志愿，他和她一起坐在家中的台式机前，愣了很久。女儿的眼中写满了失望，和对自己前途的担忧与恐惧。他打电话给父亲，父亲对于女儿挑的那个大学不太满意，说那座城市位于内陆，发展得很慢，比沿海发达城市至少落后了三十年，不要去冒这个险，不然会有心理落差。但女儿执意要去。最后父亲说，看看那座城市有没有机场，有机场，就可以报，没有机场，就不必吃这个苦了。结果没想到，那山沟沟里面的四线城市，竟然真的有机场。

女儿去了那所大学，得了抑郁症，几乎每天都在哭，这些，他多年后在过年的饭桌上才知道。他有太少的"知道"，他有太多的"不知道"。他不知道女儿从初三开始已经出现了青春期情绪障碍，妻子带着女儿从医院回来，茶几上遗留了一份病历。他翻开看，上面龙飞凤舞地写着"emotional disorder"，他用他紧张巴巴的酒店英语词汇量端详了半天，没看明白，想去翻英文辞典，又想起家中唯一一本英文辞典被丢在了卧室的床头柜深处，翻出来估计也有好多小虫子，于是没去翻找。他不知道中考完后，女儿和妻子大吵，家里的碗砸碎了好几个。他不知道女儿上了高中，遭到了室友们的一致厌恶。妻子多年溺爱她，不让她碰家务事，她连洗衣机都用不习惯，干脆把脏衣服攒一周，周末用行李箱拉回来洗。喝剩下的牛奶忘记丢了，就摆在橱柜里，过了半个月才想起来，已经发臭腐败得厉害。早上也起不来床，早操铃声已经响了很久，女儿才胡乱绑住头发，奔跑到班级队伍最后。他不知道她选的文科还是理科，不知道她早恋了，不知道她的学习方法出了问题，不知道她的成绩越来越差，不知道她长了很多青春痘，不知道她因为压力变得肥胖，不知道她睡觉开始打很大声的呼噜，不知道她很多次想过死。

二

他知道的是，他在那家大型酒店干了几年，粤语和酒店英语的皮毛都是在那里学的，打牌、喝酒、抽烟也是在那里学的。他在那里认识了妻子，南方女人，职高毕业，学会计的，手指纤细，柔软，像无骨的小蛇，在键盘上游动。妻子一开始是接电话的话务员，穿灰色西装，腰收得很窄，头发烫成当年很时髦的粟米发型，两条又直又长的腿从裙子下面伸出。他和同事打赌，说一个月内，他要追到她，赌的是一个月的夜宵。

妻子和他恋爱了。妻子不很擅长甜言蜜语，但勤快，爱干净，每天只是默默地把他的脏衣服拿走，洗干净、晾干、叠好，再拿回来给他。酒店有时会有不少东南亚和香港的房客来住，顺手给他塞了不少小费，他花钱渐渐阔绰起来，也没有存钱的意识。周末两人就去吃大排档，点炒田螺、炒米粉、韭菜炒鸡蛋，都是他掏钱。那时他姐姐在北京读医，穿着破了洞的解放鞋，靠在墙根背英语，脚指头胆怯地缩在鞋里面。他穿着白色衬衫，打着领带，靠在酒店大床上，做出打电话的模样，黑色的皮鞋擦得发亮。两张照片从公鸡的心脏和脚趾一起寄回家，形成鲜明又滑稽的对比。又过了几年，他升为客房部经理，于是把妻子也趁机提拔成领班，春风得意马蹄疾，家人都觉得他出息了。20世纪90年代初，黄金便宜，一克不到一百块，他给父母和兄弟姐妹买了金项链、金戒指、金手表。那几年是他最快活的日子，他几乎没吃什么苦。酒店包吃包住，也没太大工作压力。他下了班就和同事们一起打麻将、打牌、喝酒、吃大排档。他们赌钱，数目还不小。他学会了抽烟，牙被焦油熏得蜡黄，又渐渐萎缩成风干的玉米尸体。灵敏的舌头渐渐变得蠢笨起来，学会了不少荤话和粗口，从老家带来的两本《史记》后来直接找不到了。父亲一直不忍怪他，说放他到那么远的深圳去，是一辈子最残忍的决定。他走了以后，母亲天天哭，下班回家哭一场，早上上班又哭一场。他是最漂亮的儿子，聪明，高大，乖巧，唱歌很好听。人对美总是生出不忍。他去深圳以后，老家爱慕他的女孩还要追到他家，询问他的去向。他的前女友不少，他最喜欢最后一个，留了他和她的合照，被妻子发现，全部撕碎了。二十岁的他没反抗，嘻嘻笑着，觉得妻子有种晴雯撕扇的狠辣和可爱，有意思。四十岁的他想起这事，却觉得恶心，像他怎么也吃不惯的潮汕牛肉火锅里的胸口朥，肥腻。

　　地铁开进了新的一站，乌泱泱上来了一群小孩，吵闹极了。他们用着最新的电话手表和家长联系，故意扯高嗓门儿，把手表屏幕贴近脸颊，眼睛滴溜溜地转向人群，企图吸引人群的注意。他有些哑然失笑，看出这是小孩的虚荣心。女儿五年级时的中秋节，提出想买文具店一个二十块的Hello Kitty 小灯笼，他拒绝了，后来想了想，还是从钱包里抽了钱给她。女儿很高兴地跑下楼，在楼下冲他招手，她脸上的笑他看得很清晰。家里的房子位置低，当初靠落户积分选户型和朝向，在朝北的高层和朝南的低层之间，他做主，选了后者。从此家里常年阴暗，大白天也要开灯。他常常觉得他们一家三口就是三只螺，在阴暗的房间里，在这座体面的城市的最底层蛰伏着，蜷曲着，爬行着，身后拖出亮亮的、凉凉的痕迹。

他不想去面对血淋淋的现实，而螺壳正是最安全的围墙。他和妻子在螺壳里做爱，螺肉与螺肉交缠，螺足与螺足合二为一，很黏，很痛。没有太阳，没有希望，高潮带来的短暂欢愉是十一块一包的"芙蓉王"香烟里的尼古丁，烟雾缭绕里，妻子化成了一摊液体。他喘着气，抽一支事后烟，好痛快。火光点亮了他干瘦的脸，他的眼袋凸出，额角的老年斑蜿蜒成野蘑菇上的纹路。

他和妻子本打算靠着这家酒店养老，然而很快，它倒闭了。妻子学历低，职高的会计班只读到了高二，连毕业证都没拿到，只拿到了肄业证。高三的时候，酒店来学校招工，妻子本来也不想读书，就跟着几个小姐妹一起去了。现在酒店一倒，她根本找不到工作，就去麦当劳炸薯条。他把简历稍微修整了一下，进了那家假日酒店，第二年做到了大堂经理。隔阂是那个时候产生的。妻子生了女儿，腰身开始变形，爱吃肉，常常一顿能吃掉半只鸡或者一条鱼。他觉得她贪婪的吃相像猪，吞咽饭菜时，喉咙里面不知道为什么会发出"咕"的一声闷响。他突然生出嫌恶。她怎么会这么丑陋？他们再一次躺倒在床上，他却突然觉得索然无味，情欲消失了，烟消云散，没有踪迹。他跨离妻子的身体，像跨离一座高耸的山。妻子愤怒地坐起身，披着头发，两个乳房胀鼓鼓的，在晚风里寂寂摇晃，问他怎么回事。黑暗的房间里，他低头看向自己疲软的下身，半天没有说话。隔壁邻居家传来了钢琴声，好像是卡洛斯·葛代尔的《一步之遥》（*Por Una Cabeza*）。他想起了母亲弹钢琴，母亲的朋友拉提琴的样子，两个女人脱下白大褂，都穿着剪裁得体的旗袍，隔着回忆的桥梁，他与她们遥遥相望。

他们的婚事其实一直遭到父母反对。他们的门户差得太悬殊。妻子是农村长大的，他是城市长大的。妻子小时候割猪草、挑大粪，在海南的田间跑来跑去，大脚板底下都是泥。做爱时，总是发出牛马一样有力的吼叫，身体格外敏感，被一波又一波的高潮轻易裹卷，翻着白眼，浑身是汗。在汗的汪洋里，两只螺都失去了自己。他曾觉得她总是流露出一种原始的、粗野的性感，一种旺盛的、勃发的生命力，他被这种性感和生命力感染，在爱欲深处，两只前鳃亚纲中腹足目麾下的软体动物在床单上完成了脱壳。他小时候在职工宿舍里长大，父母虽然一个月不过挣几十块钱，但和老照片里的岳父岳母比起来，穿的就不是一个阶层。父亲总把深灰西装熨得笔挺，翻领别着银色钢笔造型的胸针，牛皮公文包边角被笔记本磨出毛边。他站在编辑部的落地窗前打电话，玳瑁眼镜反着晨光，袖口露出价值不菲的腕表。母亲总将真丝围巾优雅地系在白大褂领口，珍珠耳钉随着翻看病历的动作轻轻晃动。查房时，她握着听诊器的手白皙柔软，却能精准捕捉到胸腔里最细微的异常。妻子的手和脚干瘦，都是青筋，显出苦相，胳膊和臂膀浑圆，可以轻松抬起大米和油。这一点，和岳母一模一样。他和妻子结婚后，所有的大米和油都是妻子扛起来的，灯泡是妻子换的。但妻子却对他没有任何要求。妻子的皮肤黝黑，五官其实并不美，只是来了深圳后，学会了打扮自己，再加上那一双漂亮的腿，他被死死吃住了。他和父母、兄弟姐妹都肤白如雪。北方的面养人，光照不充足，早晚温差大，于是他也生得像一个脆甜的苹果。妻子本来绝不可能是他喜欢的类型。来深圳以前，他其实有一个女友，和他一起长大，从职工宿舍到搬进了筒子楼。白净，巴掌小脸，会拉手风琴，会念好听的俄文诗歌，苹果肌很饱满，下巴尖尖的，笑起来脸颊处有两个深深的酒窝。她常常去看他打篮球，和他聊陀思妥耶夫斯基，送他自己做的书签，上面用碳素钢笔摘抄了诗句。后来，他们分了手。后来，她去上海读了大学。再后来，她嫁到了意大利。她在他记忆里的样子越来越模糊，她代表的那段过去也越来越模糊。女儿高考完的夏天，他回老家参加了同学聚会，意外与她重逢。两人都喝了酒。他那时还没有肚子，她眉眼老了不少，但神韵犹在。他和她谈恋爱时，只有十七岁，还不知道什么是性，现在，他们分别做了父母，他女儿即将前往四线城市的三本大学学习，她儿子已经在美国读口腔医学，看超级碗。他们各自的子女的人生，在数十年间已经发生了诡谲的异变。她手上戴着硕大的钻戒，那钻石不知道是几克拉的，但硌得慌。吃饭时，他无意间瞥到了她手机里的老公，脑袋顶缺了一大块头发，稀冷极了，穿了一身奢侈品，紧紧搂着她。她吻他的时候，他闻到了她嘴里中年女人的口气味，一种说不清的悲凉涌上心头。他回以狂热的吻，脱下她的醋酸长裙，像褪去蓝鳍金枪鱼的鳞片。她的一对微乳从内衣后面蹦了出来，被海绵捂得淌满了汗。虽然她白，连乳晕都泛着少女一般可爱的粉红，但如此平庸的第二性征着实让他感到讶异和扫兴。他不禁想起了妻子那对硕大的乳房，乳汁和生命力都是喷薄而出的，自然的，率性的。他费了九牛二虎之力，依然无法到达她的高潮，好无趣。在妻子身上开疆拓土的成就感，到了她身上就泯灭了。他们默契地洗了澡，穿好衣服，吃了一顿晚餐，道了别。

咸腥的海水涌了上来，裹挟住了这只硕大的螺。圆锥形的螺壳十分坚厚，像黄褐色的城墙，将他与外界隔开。城墙上长着一圈圈的生长纹，呈同心环状排列，一圈一圈，将他推向记忆深处。他到了假日酒店还是贪玩，每天打牌、喝酒、抽烟，一个不落，浑然不觉外面的世界已经发生了翻天覆地的变化。那时的深圳号称遍地都是钱，就看会不会捡。

他对此不置可否。他和妻子炒几个菜，蒸一盘白馒头，哄着女儿把菜吃了，就让她拿个馒头去邻居家和比她大两岁的两个小孩玩。他去打牌，妻子去打麻将。两人都忙着在牌桌上厮杀。忙着忙着，忽听到邻居家传来撕心裂肺的哭声。原来是女儿从邻居家的沙发上栽了下来，满脸是血。送到儿童医院缝了几针，女儿睡着了，睫毛和他一样长，医院大厅惨白的灯光，在她脸上留下筐子一般的影。他突然发现，自己什么都教不了女儿。

三

他把女儿送回了老家，许诺自己会好好挣钱。女儿被母亲打扮得很整洁，不过穿的都是哥哥姐姐剩的衣服，毛衣常常起了球。父亲送女儿去学舞蹈，绘画和珠心算，给她讲唐僧师徒克服九九八十一难，终于取到真经的故事。父亲寄过来女儿写的字，写在旧挂历纸上，歪歪扭扭。他看着高兴，又莫名其妙流下眼泪。女儿不在身边的几年时间里，他和妻子买了房，布局是他设计的，家具一律买了耐用的实木。姐姐那时已经是老家一家三甲肿瘤医院的医生，借给他一笔钱，父亲也借给他一笔钱，拼拼凑凑，房子装好了。他们用数码相机给对方拍照，和这个终于实现的一家合照。照片在楼下的柯达照相馆洗出，用牛皮纸信封装好，寄到老家。母亲很高兴，包了羊肉胡萝卜馅儿的饺子，庆祝他终于在特区立住了脚跟。但他没有开心太久，每月房贷一千六百块，十五年，像一座沉重的山，压在他和妻子三十出头的肩膀上。他们没有多余的钱寄回给父母，他不知道女儿的幼儿园课本书皮一直是家里的旧挂历纸，不知道她很想穿橱窗里粉色的蓬蓬裙和带蝴蝶结的新皮鞋。深圳的高楼大厦越来越多，越盖越高，他却越来越感到疲惫和压力。钱不够花，是最大的问题。

女儿上小学时，回到了他身边。她长高了，个子到他腰胯的位置，已经是一个很大的小姑娘，剪了男孩款式的短发，原来是得了水痘，头皮痒得睡不着。他又一次不知道。他的愧疚像鲫鱼豆腐汤里的泡沫，小小地鼓出来，然后轻盈地破碎。他缺席女儿的人生很久了，他没有预见到的是，日后会更久。

女儿读书开销很大，那时还没有义务教育的概念，学杂费是固定要交的，还有文具、衣服、鞋子、玩具等杂七杂八的费用，在女儿回深圳以后突然多了起来。他有些烦。这种对钱的烦渐渐蔓延到了女儿身上。女儿刚从老家回来，跟不上小学的英语课。她的英语老师是个严厉的东北女人，总是冲她翻白眼，她颠颠地跑回家告诉他，一次两次还好，次数多了，他生出暴躁，教女儿不同颜色的英语单词时，把橡皮泥摔了一地。女儿哭着把橡皮泥一块一块捡回来，一直说"对不起"。他的心脏真切地感到疼痛，一时说不出话来。他们家好像是在潜移默化中变穷的，就像找不到形成谷堆的第一粒谷子，他也不知道自己是什么时候变成穷人的，就是觉得钱越来越紧张。他们不懂投资和理财，也错过了最应该积累原始财富的黄金年段，岁月蹉跎之中，他和妻子已经被时代的洪流遗弃在了河床之上。

他和妻子把女儿关在家中，用保温桶保温饭菜，有时是红烧鸡翅和炒青菜，有时是奶黄包和速冻香肠。女儿一个人在家害怕，把保温桶提到房间里吃，吃完飞速溜到厨房放好，再飞速溜回房间。女儿乖极了，不碰煤气和电视，认真写作业，对着洋娃娃说话唱歌。他们把电视当保姆，女儿有时为了等他们回家，直接坐在沙发上睡着了，腿短短的，够不到地面，也没有穿鞋，就那样悬挂在沙发边缘，像两节藕，大约很凉。这些事件是视野里的盲区，纷纷隐退在苍白的光圈里，在二十年后的饭桌上，被女儿放回了视野中心。他挺着圆滚滚的啤酒肚，笑着，心下很茫然，只是很快很急地喝着老家的自酿白酒，一杯又一杯。

这些年，他根本没有什么心力关心女儿。生活压力催化了他的异化，他和女儿被困在各自的玻璃瓶里。他们看得见彼此的苦难和挣扎，知道彼此都在福尔马林溶液里溺水了，但却只能徒然地一张一合嘴唇，像搁浅的座头鲸。

他和妻子吵得越来越频繁，几乎都是为了钱在焦虑和紧张。假日酒店后来也倒了，他稀里糊涂被卷进了计算机的浪潮，然后开始了不停换公司的人生。他做过人力，做过后勤，唯独不干销售，觉得累。后来又和两个朋友合伙开公司，每人投了几十万块，结果没多久就因为分工和分钱的事谈不拢，闹崩了。妻子经弟媳介绍，进了一家商场做收银员。他总算松了一口气。他以前一直对同事说不出口，自己的妻子在麦当劳炸薯条，每周末带女儿去找妻子，都派女儿去喊妻子的名字，他杵在门口抽着烟等，像一尊局促的神像。现在他说得出口了，但还是包装了一下，说妻子是坐办公室的，这样好听一些。

外面大约下了雨，新上来的人群浑身湿漉漉的，肩膀和肩膀互相摩擦，伞具和伞具互相摩擦，窸窣作响，像好多好多的螺拥挤在一起，向外汩汩吞吐着涎液，发出腥臊的海风气息。他们和原来车厢底部的沙丁鱼混在了一起，没有边际。依然油腻，湿淋淋，疲惫。新上车的这群人抱怨这场雨来得猝不及防。他把耳朵里的音乐声开得更大了一些，在口罩后面笑了笑。这世界让人没有任何心理准备的事情太多了，有什么好大惊小怪的呢？他的耳机是盗版的苹果

airpods，在华强北买的，只要九十九块。正版的大概要在后面再加一个"零"。深圳华强北最擅长做这种货，多少人靠摆地摊发家，当然，这种生意头脑和他无关。他的智慧和汗水用在了三十岁时珍贵的牌桌上，一分一毫都没有浪费。当麻将声收敛了，他才发现海水早就退潮了。人们不用现金了，街道的店铺都开始摆出微信和支付宝的二维码，外卖骑手出现在了高楼和小巷之间。

老王跑来找他，问他现在在哪里发财，愿不愿意和他一起干？开出的职位是销售总监。他把杯子里的白酒一饮而尽，发出裂帛一般的刺耳笑声。老王不是那个拖地的下铺兄弟了，老王摇身一变，公司上市了，开一辆九十多万的宝马。

他无法掩饰他的惊讶，就像他无法掩饰他窘迫的肚子和窘迫的螺壳。

他喝了好多酒，歪歪斜斜地坐公交回家，下车以后，稀里哗啦地吐在草丛里。他在夜色中盯着五颜六色的呕吐物看了一会儿，像将军看着他的手下败将，突然无声地扯着牙齿笑了起来。很多年前，他也是喝了好多酒，在大年二十九，带着女儿逛深圳的爱国路花市。他掏了好多现金，买了鲜花、面人儿，一堆破烂玩具。有个皮球，女儿玩着玩着不想玩了，想让他帮忙拿，他恶狠狠地说："不想拿让老子买什么？信不信我一脚踩爆它？"女儿不说话了，眼泪噙在眼底，半天不掉。他觉得心痛，但不得不承认，也确实很爽快，有一种无处安放的父权政治被转换成了得以落地的靴子的爽快。曾经父亲踢在他背上的脚，在时空变形中踢到了女儿的背上，脚印陷了下去，在女儿粉玉一般的肉上，留下一个巨大的痕迹。女儿九岁的时候，他带她坐绿皮火车，从深圳回老家，父母来接儿子和孙女，才发现小姑娘哭了。父亲掏出蓝色的条纹手绢，爱怜地擦着孙女的眼泪和鼻涕，问发生了什么？女儿抽抽噎噎地说，火车上有人在吃盒饭，她看着馋了，盯了一会儿。那个人问她："想吃吗？"女儿说："想。"那个人抬头，用一种揶揄的目光看向女儿肥沃的黑发，咧嘴一笑："想吃就让你爹买呗。"他在座位底下用大拇指和食指一起用力拧着她的大腿，下了狠劲儿。

那些久远的记忆泡了水，发白，变大，鼓鼓囊囊，散出刺鼻的腥味，但是他从未忘记。女儿二十岁的时候，曾在大年三十的饭桌上痛哭，质问他如何能做到那么残忍。他被残忍二字重击，一时不知道作何反应，呆住了，接着复杂的情愫涌上心头。厌恶、鄙夷、愧疚、悔恨、伤心、愤怒交织在一起，像渔网里挣扎的小鱼，没有一条能够成功逃脱。女儿希望他道歉，他犹豫了很久，但是他没有。人们收碗筷，把女儿拉走，给他倒水，又打开电视放春晚，热热闹闹地张罗着包饺子，煮饺子，好像走马灯或者打春醮，晃得他眼晕。

四

　　那个大雪夜，二十一岁的她离开了。消失了。这只最小的螺走进了海洋深处。警察说失踪二十四小时可以立案，二十四小时满了以后，女儿的名字成功被敲进了派出所的键盘，接着，他们眼巴巴地等了四十八小时，七十二小时，九十六小时，一百二十小时，一百四十四小时，无限循环下去。但她再也没有回来。他坐在家门口等她，总是想起来小时候的她搂着他的脖子唱《两只老虎》的声音。她身上有一种水果的甜味，胳膊和肚子很软，很烫。小孩子的体温都这样偏高。但他脾气上来时，还是随心所欲地将她逼到墙角，罚她独自面对墙壁，罚她独自面对孤独。他从未走进她的内心，因为当她从老家回来时，已经是很大的小孩了，到他的腰。这些年，他和妻子挣扎在生存的红线之间，他的性格越发暴戾，一次酒醉后，作势就要打爱冷嘲热讽的领导，幸好被同事拉住，才没有出大事。他换工作换得很频繁，于是压力都落到了炸薯条的妻子头上。他们不是城市里最窘迫的人家，但的的确确是一般老百姓，伸不出脑袋。

　　女儿刚从老家回来时，很白净，带着些不夸张的胖，爱笑。他和妻子有时把她当出气筒：打她，用衣架，用脚，用手；骂她，用嘴，用舌头，用眼神；羞辱她，用透明的刀，用嘴里的米饭粒子，用黑暗。尽兴发泄着生活的苦。女儿大约在什么时候沉陷进情绪的窄门，则无人知晓了。他印象里的女儿乖巧得离奇，像警匪电视剧里的悬案，没有任何看得见摸得着的线索，她总是坐在桌前孜孜不倦，没什么表情，背弓得很严重。越来越肥胖了，越来越黑，和这座南方城市的刺目阳光融为了一体。脸颊凹了进去，眼睛暴凸出来，没什么笑脸。镜片很厚，因为她先天散光高，一只眼睛又是弱视，又在可以矫正的年龄被忽略了、无视了，被发现时已经是真性近视加高度散光了。她背上的螺壳越来越大，越来越肥，圆柱形的头部一伸一缩，在阴暗、晦涩的房间角落，她口中喃喃作响，念诵着文言文注释和英文单词。

螺会发出声音吗？这个问题，他想过无数次。女儿消失后，他买了两斤市面上的各种螺，带回家，想办法把它们引诱出来，用针去刺它们的头和身体。但那些腹足类动物只是用平静的状貌回应他，缩进壳里，不发一言。就像女儿，从未发出求救的尖叫，只是在水底沉默地吐着泡泡。他突然生出恨，抬手把那些螺从桌子上都扫到了地上，看着它们叮叮当当地滚了很远。他把脸埋进手心，心里一抽一抽地绞着痛。

水是什么时候漫进地铁的？他不知道。他只是感觉脚下突然有了好多水。人们议论纷纷，不过并没有太慌乱。这是一座雨水丰沛的南方城市，人们信赖它的排水系统，就像螺信赖它的壳。不过水真的好脏，在蓝色的地铁地板上晃动着，像一面斑驳的镜。车厢里有些吵嚷，人们试着往外拨电话，发微信，不过不乐观的是，信号并不好。焦躁的情绪开始蔓延，而水只是不动声色地继续向上生长，从脚踝到小腿，到膝盖，到大腿。好冷。

那晚的饭局上，老王给他夹了好多菜，慢条斯理地和他回忆这些年。老王的身材保持得极好，肚腩很平，背笔直地竖在那里，穿一件质感极好的真丝衬衫，精气神十足。他想起很多年前，老王穿着绿色的清洁工制服在走廊拖地，佝偻着背，背上是巨大的螺壳。制服显然买大了，也许是为了多穿几年，螺壳在下面鼓起一个包，撑得衣服形成了一条条皱褶，像河流的支流，也像通往大路的小径。再后来，老王消失在人海里，没有人知道他的去向。那时他只是抬起头和身边打牌的朋友们调侃了一嘴老王的离开，就继续旋转在时间的齿轮里。那时他觉得自己还年轻，光阴还有很多很多。直到在酒桌上看到多年未见的老王。老王黑色头发里一缕缕往外冒的白色头发惊醒了他。老王还比他小三岁，坦率的皱纹从老王的瞳孔里清晰映出，果然岁月一视同仁，没有放过老王，也没有放过他。

老王的女儿穿一身巴宝莉卫衣，光着两条长腿，推开包间的门，在老王耳边说悄悄话。他恍然想起女儿读高中时，曾因为一条两百块的裙子和他大吵一架。女儿穿着那条裙子，在他面前转了一圈又一圈，问他好不好看？裙子下伸出两条粗壮的腿，女儿很胖，不算美女，其实和妻子年轻时差得很远，但螺壳好像消失了，看不见了。他点头，说好看，然后追问了一句，贵不贵？女儿勃然大怒，眼泪莫名其妙地涌出，大声质问他是不是希望她穿几十块的地摊货才满意？这是女儿少有的发出螺的声音的时刻。他的自尊心一触即发，失手打了她一巴掌。她的嘴唇顿时肿胀起来。

地铁里戛然灌进了越来越多的水，他的头和足蜷缩进了壳里。尖叫声和呼救声淹没在脏水里，咕噜咕噜作响，灯灭了，螺沉进了一片黑暗之中。

橙色背心

  他坐在办公室的空调冷气下面，手里紧紧攥着一瓶矿泉水。汗水在胸前形成一块巨大的马蹄铁，像被人踹了一脚，他有些狼狈。水是年轻的语文老师给的。语文老师端起茶杯，不看他，抿了一口杯里的蜜桃乌龙。这似乎是现在的年轻人群体里最流行的茶，浓郁的蜜桃果肉的香气被茶包里的乌龙茶渣激发，又被白色的滤网一层层细密地切碎，香气于是变得无病呻吟。

  他思考了半天该说些什么，来打破蜜桃乌龙的香气。想了一会儿，他说，老师，我觉得，向启航这事做得不对，很不对，非常不对。三个"不对"叠在一起，像小时候吃的那种廉价奶油饼干，干瘪极了，又像老太太的一口掉得差不多了的牙，咬在空气里，一点痕迹都没有。语文老师还是没有看他，又喝了一口杯子里的蜜桃乌龙，动作很轻盈。手指修长，很瘦，手背上暴起青的和蓝的筋，一串佛珠从手腕上那块凸起的圆形骨头上垂下。他一时有些恼怒，不知道恼怒的是语文老师的蜜桃乌龙，还是他自己这口轻飘飘的牙。

他在深圳干企业培训很多年了，习惯了大声喊着说话。办公室里太安静了，只有敲键盘的声音，翻作业和卷子的声音。他一下子觉得手脚被捆住了，嗓子也被捆住了，徒劳地一张一合着嘴唇。他决定用他惯用的那套故事给语文老师洗脑。他相信语文也是一个需要讲故事的学科，用故事引起共鸣，是再好不过的事。

他说，老师，向启航这样做，简直就是本末倒置。上课不认真听课，周末跑出去补习，好比放着正餐不吃，硬菜不吃，而是去吃零食，吃外面的烤肠、炸鸡腿、辣条……他举了一些零食的例子，举着举着，把自己举饿了。向启航最爱吃烤肠、炸鸡腿、辣条，他是清楚的。向启航最讨厌钢琴和国际象棋，他也是清楚的。不过他还是坚决地不让向启航吃烤肠、炸鸡腿、辣条，但必须每天花大量时间练钢琴和国际象棋。向启航眼巴巴地看着楼下的小孩在花园里疯跑，或者在沙池里堆城堡。他走过来，把窗帘一把拉上，怒喝道，他们没出息，你也要和他们一起没出息吗？向启航低下头，一声不吭地把手指放上琴键，或者放上棋盘。

向启航在琴声和棋声里长高、长宽，像抻面条一样，被捏出了他理想的形状，他很满意。但是向启航的话越来越少，像一尊静默的、灰色的、线条凌厉的雕像。

他的企业培训越做越红火，业务范围越来越广，深圳越来越多的大中小企业老板来找他谈生意。他最擅长给别人洗脑，可以用大量的故事煽动员工的情绪，在怒吼和团建游戏里，那些被规训过度的羊往往成功流下了臣服的眼泪。但向启航已经很久没有流泪了，至少在他面前，向启航总是一尊雕像，静默的、灰色的、线条凌厉的雕像。

线条凌厉是因为向启航的五官美得令人心惊肉跳。他格外得意，认为向启航是他最好的作品。班主任曾打电话问他，你觉得向启航最大的优点是什么？他在电话这头认真想了十几秒，才郑重地说，我给了他一米八的个头，和一张帅气的脸。班主任一时顿住了。他则把这种顿住解读为认同，或者震撼，继续骄傲地补充，是的，是的，他是我最好的作品。

既然是作品，那么自然没有灵魂，也不需要有灵魂，只要任凭他出手去摆弄就可以了。数年来，他用"狼性文化"训练向启航和向启航的弟弟。冬天的早上，要求他们穿着背心，用冷水洗脸，在院子里绕着圈蛙跳，边蛙跳边背诵，背诵的内容从《三字经》《百家姓》《千字文》逐渐变成了《高考必背古诗文》《高考必背 3500 词》。他要求向启航挂衣服的衣架必须一律钩子朝里，颜色从深过渡到浅。但是有一天早上，向启航去上学时，他发现向启航在一水儿灰色和黑色的名牌衣服里，钩子朝外，挂了一件突兀的橙色背心。他奇怪极了，摸着那件背心，像摸着风浪里起起伏伏的方向盘。背心透着刺眼的荧光橙色，看上去很劣质，一摸就知道。这些年，他榨干自己的腰包，也要给向启航最好的生活、最好的吃穿，这件背心像一个巨大的笑话，横陈在灰色的江河里。

他决定等向启航放学后，问问他怎么回事。可是突然想起来，向启航已经读高中了，寄宿了，最快周五才能见到他，而今天才周一。

接着，他接到了语文老师的电话。话筒另一端，语文老师像只愤怒的小鸟，使劲扑扇着虚弱的翅膀。他之所以这样感觉，不是因为若干年前的那个电脑游戏，而是因为语文老师的声音过于尖细。他本能地将电话拿远了一些，和自己的脸颊保持一些距离，小鸟扑扇翅膀和尖叫的声音也跟着远了一些。他短暂地松了口气。

向启航闯祸了。他在语文课上和语文老师当堂对峙，让她下不来台。他把物理作业偷偷藏在语文书底下，趁她转身板书的工夫，就赶快写两行，又趁她点同学回答问题的间隙，再在草稿纸上快速推导两行公式，因为紧张，笔迹潦草得像做工粗劣的皮鞋，连油边都起翘了，发出廉价的恶臭。他突然觉得周围安静得可怕，抬起头才发现，瘦瘦的语文老师就站在他面前，一言不发地抱着胳膊，看着他。镜片反射了教室里的灯光，看不清楚她的眼神。

他有些发怵，但若要论害怕，又谈不上。语文老师是个很温柔的人，或者说好欺负。他们很少看到她发脾气，大多数时候，她只是站在黑板前面讲课，充当一壶冲泡了数次的白茶，平淡，令人犯困。她上课也没劲，不太擅长和他们互动，也不会设计太多的小组活动。只是平铺直叙，按照教案和大纲向前缓慢推进四十分钟，听到下课铃，她松一口气，他们也松一口气。她没什么幽默感，也不懂网络热词，爱穿旗袍，有一种国泰民安的美。眼睛不算大，但眼神很媚，班里懂化妆的女生说，她的眼尾用的是棕色的眼线笔，所以比黑色的眼线笔柔和一些。他一边埋头做物理题，一边听得一愣一愣的。

他一直搞不明白女人。他在家有时说话很难听，母亲会忍不住落泪，他看到也假装没看到，觉得真矫情。他不知道自己说错了什么话。最近一次，母亲说要奖励他最近学习用功了，带他去家附近的商场买鞋。他暗自发笑，觉得母亲真是头发长见识短，"用功"和"用心"可是两回事，他们班一堆学习用功的废物，每次整理学科笔记用十来种颜色的进口水笔，确实好看，但最后往往是他这个满纸爬着蜘蛛网和蚂蚁的拿到年级前几十名。"蜘蛛网和蚂蚁"是语文老师的形容，班里同学一时都在大笑，笑她的形容如此精准，箭无虚发。但他在心里却暗暗埋下了恨。她那样靓，在家老老实实做个花瓶不好吗？鱼尾纹都爬上了颧骨，还不见她结婚，天天管闲事没完没了。他最瞧不起做老师的了，一定是找不到工作，又没有特长，才会跑来做老师，然后世界越来越小，最后被终生困在四四方方的教学楼中间。他一直觉得教学楼的设计诡异极了，四四方方围起来，将几千名老师和学生围猎其中。

但他还是假装很高兴，把瞧不起母亲的情绪掩饰得很好，因为母亲是付钱的那个人。他的班主任曾评价他是"精致的利己主义者"，为了达到自己的目的可以不择手段。他知道以后，笑了笑，什么都没说。他不觉得这有什么丢人的。他深受父亲的影响，觉得人的骨子里需要有些狼性。这个社会本来就是弱肉强食的社会，怎么可能让？他做不到。母亲转头问他，想要什么鞋？他不假思索地回答，当然是椰子满天星。这是一款阿迪达斯旗下的高端球鞋，据说穿起来有种踩在粪便上的感觉，很舒服，当然，价格相应的就不太舒服了，怎么也得四位数起步。他忐忑不安地看向母亲。果然，母亲皱紧了眉头，一脸诧异地看向他，你怎么舍得挑这么贵的鞋？

他一时语塞。店里都是年轻人，穿着各式潮牌，和母亲一样，他们都一脸诧异地看向他。他知道自己一直以来都是一个诧异的人，因为班里的同学看向他的时候，也常常一脸诧异。但母亲的诧异激怒了他，他能感到胸口鼓出了一个包，他不得不用拳头捶打几下，才能把那个包捶打平整。包似乎瘪了下去，像气泡纸上的某个气泡，捏瘪之后，露出起伏的形状。母亲帮他挑了一双湖蓝色的耐克运动鞋，向店员要了他的码，让他去试。他把价签翻了起来，看到一个红色的"399"，底下还露出了原始价签的边缘。他忍不住想要上手去撕开，一旁的店员看出了他的心思，过来制止了他。他机械地完成每一个动作，自我催眠自己是一个机器人。最后，机器人在金镶玉的柜台前醒了过来。他看到母亲在试戴一条克数很大的金项链，吊坠一半是金，一半是玉，有一部分是他的椰子满天星换来的。于是机器人有了独立意识，开始反抗和呐喊。

他问母亲："你怎么舍得买这么贵的项链？"

他一脸诧异地看向母亲。柜员都是中年女人，穿着精致的制服，胸口系着开花一般的领巾，和他一样，她们都一脸诧异地看向她。

母亲平静地盯着他："因为我喜欢。"

他不知道怎么想的，下意识地说了一句："但是你不配。"

店里瞬间安静了下来。

母亲淡淡地说："我怎么不配了？"

"因为你没有工作，你对家里没什么贡献。我和弟弟在念书，爸爸在上班，我们对家里都有贡献，只有你没有。所以你最不该花这么多钱买一条没用的项链。"

母亲看了他一会儿，似乎想要说什么，但最终什么也没说，转向柜台里一脸错愕的柜员："帮我包起来。"

母亲拎起珠宝店那小小的首饰袋，轻飘飘的样子，快步走在前面，再也没回头看他一眼。他犹豫了几秒，几次想追上前去，脖子一硬，还是顿住了脚步。没有必要。不过他始料未及的是，母亲回到家，叫了一桌肯德基，却没有一点喊他吃饭的意思。他的肚子咕噜咕噜乱响一通，在餐桌前坐下，伸手想要拿一只鸡翅，却被母亲狠厉地用筷子敲了下去，他的手背顿时浮起一条长长的血痕。

"这不是给你吃的，有贡献的人不能吃这种垃圾食品，只有我们这种没有贡献的人才可以吃。"

母亲撕开甜辣酱，捏着上校鸡块蘸了蘸，塞进嘴里，很优雅。

"另外，我从今天开始不会再给你和你爸、弟弟做饭，也不会再做任何家务。"

母亲好像变了一个人，怎么看怎么不像她了。他端详了一会儿才发现，原来母亲不知道什么时候化了妆。她可能有十几年没化过妆了吧？至少从他有记忆开始，就习惯了母亲素颜朝天。眉毛根根分明，松针一般闪着寒光，眼睛下方有两块三角状凸起，那是遗传自外公的眼袋，遮盖得不好，口红艳丽极了，也不知道是因为顶着番茄酱的薯条在上下嘴唇反复摩擦，还是因为她刻意的涂抹，总之她看上去不像母亲了。最不像的是眼角的眼线，飞扬，跋扈，毫不犹豫地切入鬓角，不过不同于语文老师的棕色，那两条线是黑色的，于是黑云压城城欲摧，要下大雨了。

"向启航，站起来。"棕色的眼线打断了他意识的流曳。

他慢吞吞地起身，低着头，脖子上压了个大沙袋。

"到教室后面站着去。"

他顶着脖子上的大沙袋，一步一步走到了教室的尾部。语文老师嗫嚅了一下嘴，动了恻隐之心，却没有发现，他手里的语文书底下还夹了一本物理练习册。他喜欢推导公式和处理问题的感觉，能看得到自己的努力是有效的，语文给不了他这种感觉。蜘蛛网和蚂蚁努力爬满语文答题卡上的横线，但换不来理想的分数和排名。他又开始偷偷写题了，紧张极了，快乐极了。直到这种快乐被一种古怪的寂静所打破，他觉得不对劲，抬起头，才发现语文老师就站在他面前。她问他，你在干什么？把纸给我，把练习册给我。他摇头，呈现出一种倔强的对抗。语文老师说，我数到三，把练习册给我。她还是那样的温柔，但温柔里似乎隐藏了一把尖锐的钉子，他感觉自己被扎到了，皮肉生疼，这种生疼的感觉他不喜欢。他不再摇头，也不再点头，只是沉默地盯着语文老师的尖头皮鞋，皮鞋的尖端，似乎因为走路的摩擦已经生出了擦痕，有些发黑，有些开裂，大肆地张着嘴巴，像是在嘲笑他的不自量力。

语文老师继续说，不要逼我去抢你的练习册，我希望是由你亲自交到我的手上。周围人的目光像带有腐蚀性的射线照在他的身上，和钉子一起施加双重的效力，他开始觉得他的坚持可能将是徒劳的，他的沉默如果一直持续，那么这局游戏将无法收场，这显然不是一个喜闻乐见的结果。他觉得疲惫和无聊，于是耸耸肩，将练习册从语文书的伪装底下抽出，交给了语文老师。语文老师轻轻巧巧地转身，携带着他的练习册，手指尖翘着，像拿着烫手的红薯，或者裹挟着什么了不得的秘密。只是这秘密也许非常肮脏，肮脏到她甚至不愿放松所有的手指，将它完整地握住。

他感受到了一股没有来由的羞辱和愤怒，这股羞辱和愤怒从脚底向上攀升，穿过五脏和骨骼的缝隙，一直爬升到了胸口，在喉管的尽头被迫停下，因为他紧咬着牙关和僵硬的舌尖，堵住了这一股羞怒的出口。他看着她的背影，觉得自己的眼睛，自己的眼光，自己的眼神也变成了一把钉子，他对着她的背影施加了想象的暴力，觉得痛快，于是嘴角也忍不住咧开了一个灿烂的笑脸。然而没有想到的是太不巧了，语文老师却在这个时候转过身来，恰好看到了他巨大的灿烂的笑容。他可能不知道的是，语文老师也感到了一股没有来由的羞辱和愤怒，席卷了她。

也许师生关系，就是一群习惯了秩序感的人，和另一群不习惯秩序感的人、在学习建立秩序感的人、在逃离秩序感的人之间发生了互缚。语文老师觉得自己长久以来辛苦建立的秩序感被完美破坏，这不是她可以接受的。于是，她快步向他走来，手指尖指着他的鼻子，说，你站到教室外面去。他觉得压抑，张开嘴巴，做出想要说话的形状。现在两道紧闭的门开了一扇，那就是他的嘴巴，但还有一扇是他的舌根，还死死压着那股羞辱和愤怒的气流，他还在做一些最后的抵抗。于是，他尽量平静地问道，刚才你明明说的是让我站在教室后面，现在为什么让我站到教室外面？

语文老师似乎很感兴趣，她对于"后面"和"外面"的玩味挤出了一个意义不明的笑容。她说，因为你违反了课堂规矩，你还需要我说得这么明白吗？你不觉得你这样的问题毫无营养，就像你现在做的抵抗毫无营养吗？出去，我现在要求你不仅要站在教室外面，还要求你去找你的班主任。

那股羞辱和愤怒的气流最终冲破了最后一扇门，最后一根稻草不知所措地压垮了骆驼，他忍不住吼叫起来，看着对面的语文老师变成了母亲的模样，我是你招之即来挥之即去的吗？凭什么你让我出去，我就要出去？你刚才说的是让我站在教室后面，现在又让我站在教室外面，后面和外面你分不清吗？连珠炮一般的敌意被发射，像软弱的盾包裹住自己，在虚无的时间里，他与语文老师之间好像隔着遥不可及的银河，他们都看不清彼此的脸孔。

他站在语文老师面前，继续进行着徒劳的重复，好像搁浅的鱼，徒劳地一张一合着自己的嘴唇。也许是因为举了一些零食的例子，举着举着，他把自己举饿了，于是肚子也发出了一些不体面的喧哗。语文老师的沉默好像一把钝了锈了的刀，面对着眼前血淋淋的鱼肉，她不知作何处理，是该切，该剁，该碾压成鱼茸，还是放任它自由？他没有了答案，只好再一次重复，老师，向启航这样做，简直就是本末倒置，上课不认真听课，周末跑出去补习，好比放着正餐不吃，硬菜不吃，而是去吃零食，吃外面的烤肠、炸鸡腿、辣条……语文老师终于开口了，也许是被他这样的重复搞烦了，好像面对着一台残破的录音机，一台上世纪的与世隔绝的录音机，充满了无奈和不耐烦，说，你知道你儿子在课堂上做了什么吗？他不仅不听课，还眼中没有师长，他当堂顶撞我，质问我怎么就搞不清站在教室外面和站在教室后面的区别，质问我为什么戏耍他。他有太多的质问，太多的质疑，而这不是一个高中生应该有的品质，他有很大的问题。语文老师技术高超，就像李白在写《蜀道难》的时候，写道"上有六龙回日之高标，下有冲波逆折之回川"，一个"上有"，一个"下有"，俯仰之间，就在字与句之间拉开了一个纵向的空间，使人感觉到剑阁和蜀道的崔嵬与艰险。作为话语游戏的好手，他甚至没有觉察语文老师如何从质问过渡到质疑的，但后者的帽子当然要比前者更加罪孽深重，他于是也觉得向启航有问题，忍不住开口，提了一个在他心中存留许久的疑问，老师，我很赞同你说的，我也很赞同你的想法，你觉得向启航有没有毛病？我指的是这里。说着，他用手指指自己的脑袋。

这个问题发出了訇然巨响，甚至阻隔了办公室里其他一些老师敲击键盘的流畅声音，也在语文老师的心里发出了訇然巨响。她看着向启航的父亲，像看着一头毛发毕现、还处于原始社会时期的巨兽。她以为他在开玩笑，但他只是很平静地凝视着语文老师的凝视，补充道，老师，我没有在开玩笑，我是真的觉得向启航有很大问题，他的精神可能是有问题的，他的人格也可能是有问题的，我不知道原因是什么，所以我今天来找您谈一谈。

语文老师摆摆手，大约是觉得跟他已经没什么好谈的了，正准备做出送客的架势。他看出了语文老师的用意，对她说，老师您再稍微等一下，我刚才去班里面找了一下向启航，没看到他，听说他是到操场上看科技节的开幕式了，所以我拜托他的同学在他回班之后，喊他立刻下到语文办公室来找您和我。语文老师大惊，你叫他来干什么？他认真说，因为我觉得有必要让他和您当面聊一聊，而且是当着我的面和您聊一聊。

语文老师一时无言。门被敲响了，大汗淋漓的向启航走了进来，头发因为高饱和地充盈汗水，流泻出一种剑拔弩张的气势，根根分明，像防御状态中的刺猬。语文老师不禁觉得有些好笑，想起他课堂上的那一副应激姿态，不正是他此刻的头发吗？向启航自然没有听到语文老师的腹语，只是低垂着脑袋，顶着高高的个子、长长的手臂，站在矮小的父亲身后，两手交握着，看向语文老师，像等待审判，也像等待发落。刚才出于礼貌，语文老师给向启航的父亲拿了一瓶水，现在他很宝贝地拧开它，又很宝贝地塞到了向启航的手心里，一脸宠溺地看着他，说，瞧瞧你满头的汗，办公室里空调太冷了，等会儿别吹感冒了，你自己先擦一擦汗，然后把这个水喝了，多喝水，天太热了。不同于刚才在语文老师面前的字斟句酌，现在的他流露出一个父亲关心孩子的原始本能，这一刻他没有心思去想任何的游戏，任何的劳动，任何的歌舞，他的眼中只有这个刺猬一样的男孩，还有他衣柜里那件廉价的刺眼的橙色背心。关于橙色背心的问号已经涌到了嘴边，呼之欲出，然而他却生生咽了下去，因为他觉得此刻不能打草惊蛇。

向启航仰起脖子，开始灌水。水团一个个浑圆地、饱满地滚进他年轻的喉管，看上去井然有序，和衣柜里的灰色和黑色名牌衣服一样。他看着向启航。他想妻子大概率也没有注意到向启航的衣柜里多了一件橙色背心。妻子已经两周没有做家务了，也没有做饭了，她坚称自己正在罢工，每天吃肯德基、麦当劳度日。他觉得疑惑、讽刺、好笑，疑惑于妻子受了什么刺激，讽刺于连家庭主妇都可以罢工，好笑于妻子放纵的发泄口竟然是肯德基、麦当劳。他们家严格按照一周一次的频率召开家庭会议，每个人都要发言，除了罢工的妻子。妻子在每场会议里扮演的都是文秘的角色，记录他和向启航两兄弟的高谈阔论，但她从来不说话。他不让她说话。他说，女人说什么话？谁会听？他还在向启航的班主任面前说过，女人都是头发长见识短。班主任用手指顺了顺长到腰际的头发，脸色顿时变得难看。向启航和语文老师郑重道歉，甚至象征性地痛哭流涕，人性的光辉在他年轻的后脑勺后绽放，他觉得自己在普照佛光。三个人呼吸的气浪在空气中形成艰难的威压，语文老师最终在威压面前无可奈何地叹了口气，让他出去，也让他父亲出去。高考的车轮已经滚滚向前，要压住学生和老师的脚趾。

向启航走到了江流边上，穿上了橙色背心，开始做题。江水湍急，题目的符号却游荡出自己的形状。在公式和字母的叙述时间里，不知今夕何夕。远处，水天相接，潮水翻滚，如行舟上，他有些眩晕，书上印刷的铅体字也开始漂浮、膨胀，像一串串虚无的美丽气泡。小时候在澡堂里，浴球蹭着沐浴露或者肥皂，轻松就能打出来，可大可小，一碰便碎。泡泡唏哩咕噜地钻进了口腔，钻进舌头和牙齿的缝隙，津液跟着干涸。泡泡似乎有种神奇的能力，把他的精气都稀释干净了。他终于做完了一套题，如释重负地抬头，窥视江水如纳西索斯窥视自己美丽的倒影。他的胸腔里开出了大片大片的水仙花，把他埋葬其中。他贪婪地看着石蒜科多年生草本植物从他的黑发里钻出，像美杜莎的蛇发，蜿蜒左右。他对了答案，发现自己又是全对，不禁欣喜若狂。自从穿上这件橙色背心，他只要开始学习就如有神助，遇到的题目如秋风扫落叶一般，爽利，酣畅，痛快，没有阻碍。橙色背心是一个高三的学长送他的。送他的下午，天布满了火烧

239

云，一大片一大片的，好像有燎原之势，滚烫的火舌舔舐着学长的头发，烧得对方耳朵和额头通红，眼睛也通红。真奇了怪了，当天晚上，他就听说学长发烧了，请假回家了。那天距离学长那一届高考只剩十五天。然而，直到那一届高考结束，他也没有再见过学长。留在记忆里的只有他通红的耳朵、额头和眼睛，还有这件橙色背心。

他翻来覆去地看过这件背心，到处都是线头，陈旧，褪色，劣质，毫无设计感，也不能挡风保暖，像地摊上几十块的产物，实在没看出来这件背心有什么过人之处，但学长就是非常神秘地告诉他，只要穿上这件背心，你将在所有的考试里所向披靡，战无不胜，刀枪不入。学长激动地连用三个成语，歪歪斜斜，词不达意，但难掩他一种古怪的狂喜。他半信半疑地看着学长，学长继续坚持，说，我知道你不相信，我一开始也不相信，不过这件背心确实是从上面传下来的，也是我的学长给我的，传了好多届了，你试一试就知道了。

向启航决定试一试。

高三第一次模拟考如期进行，他偷偷在校服里穿上了这件橙色背心。他不敢穿在外面，因为这件背心实在过于耀眼，或者说，橙得惨烈，让人移不开眼睛。这件橙色背心从颜色上来看，实在不是善茬。他忐忑不安地走进了考场，每走一步，都能感受到它的粗糙和尖锐摩擦着他年轻的胸膛，发出志得意满的啸叫，沙啦沙啦，沙啦沙啦。监考老师注意到他汗如雨下的异常，严肃地拦住他，金属探测仪在他身上停留得格外久。当然，橙色背心里没有金属成分，所以监考老师也一无所获。对方的口气意外地柔软下来，问他，你是不是身体不舒服？他像受了惊一般，抬起头，看向监考老师，摇摇头，笑着说，我没事，谢谢老师关心。他的修养极好，一切都拜他严格的家教所赐，父亲的棍棒之下，他总是可以巧妙地、恰如其分地伪饰出得体和分寸。其实一开始面对语文老师也是一样，他厌恶她，看不起她，但他为了从她那里获取语文学科的高分技巧，可以竭力压住恶心和鄙夷，就像感冒时捏住鼻子以阻止喷嚏一般，虽然艰难，但也不是做不到。监考老师露出笑脸，像在端详一盘精致的江浙菜肴。他和父母出去吃饭，一直不能理解的菜系就是江浙菜。那么大一个盘子，中间堆放一点点真正要吃的菜，周围的摆盘花团锦簇，空有一种喧嚣的热闹。现在，监考老师却对江浙菜很满意的样子，也许是因为他刚成年的脸庞让人难以轻易移开目光。他知道自己已经出落得潇洒帅气。水仙的叶子从鳞茎顶端的绿白色筒状鞘中抽出花茎，再穿引叶片，从中抽出花枝。一枝，两枝，三枝。

他坐了下来，开始答题。橙色背心与他的皮肤接触，不断生出刺挠感，但并不至于难以忍受，反而帮助他保持了一种异常的清醒。他的头脑像插上了四通八达的电路，电流在血液里清晰流淌，注入一种冷静的客观。他的笔在试卷上不受控制地游走，他惊奇地看到公式攀爬在白色的卷面上，一行行，一列列，自动完成纯熟的演算。他感到陌生的兴奋，也感到陌生的担忧。

深圳市第一次模拟考成绩出来，他的总分竟然拿了全校的年级第一，连他最讨厌的语文都拿了年级前十五。语文老师在办公室电脑后面露出难以置信的神情，看看分数和排名，再看看分数和排名前面跟着的名字，最后抬头，看向他。他两手交叠，置于桌上，低垂着眼帘，一脸乖顺。语文老师对他说，向启航，你真的潜力无限，继续加油。他仔细辨别语文老师的语气，诚恳中有一些怀疑的碎片。语文老师似乎把当初课堂上的不愉快忘在了脑后，开始认真给他讲题、分析答题卡。他不禁感慨橙色背心的神力，连讨厌的语文老师都缓和了对他的态度。

周末又是家庭会议，这次母亲缺席了，据说是出去吃肯德基或者麦当劳了。他与父亲、弟弟都觉得滑稽可笑，像看小丑一般，静静观看母亲的表演。偏偏是肯德基、麦当劳，真有意思，他怀疑母亲连消遣都不知道怎么消遣，也许是做了太久的"房中天使"。"房中天使"的概念，他最早是在弗吉尼亚·伍尔夫的《到灯塔去》中看到的。母亲曾经也是客厅里终日旋转的天使，不过现在天使的脚从舞台底座上生生被拔了下来。父亲和弟弟都当母亲是发神经，母亲也不解释原因，只有他知道原因。他背负着巨大的秘密，心里不知不觉溃烂开一个大洞。但他从来没想过找母亲说些什么，或者解释些什么，或者安抚些什么，他觉得没必要。高考已经迫在眉睫，靠着橙色背心，他在接下来的几场考试里都顺利拿到了不错的成绩。他已经学会了越发熟练地操纵橙色背心。成绩不能太好，不然容易遭人妒恨，他挺怕这个。也不能太坏，不然会被烦人的老师和校领导约谈。他现在已经是一块香饽饽了，是他们高中里的大熊猫，学校恨不得二十四小时把他保护起来、监管起来，生怕他出一点差池。他在学校领导眼中，是冲清华、北大的好材料，不能随便耗损了。

母亲出事这天早上，他迎着江水，做了一套题，极目远眺，海水茫茫，他的脑子也一片茫茫。班主任把他喊出教室，让他赶快回家一趟。他不知道发生了什么，只觉得天色昏暗如江水滔滔，他无法克制地颤抖起来。进了门，父亲和弟弟告诉他，母亲跳了江。原来在某个时刻，他曾和母亲共同面对江水。但那时他并不知道，他只是沉陷在做题的快感中，在橙色背心罗织的尖锐、破碎、锋利中，和母亲永远错过。母亲走进了江水之中。

他打开衣柜门，面对一排排灰色和黑色的衣服，神情肃穆，他吊唁橙色背心里的母亲，就像面对一幅信仰的图腾。桌面上还洒落了几滴番茄酱，边缘有被纸巾匆促抹去的痕迹，也许是那最后一张纸巾的劳动量过于饱和了，再也装不下更多一滴番茄酱了，于是遗留下几滴顽固分子，被纸巾的动态移动拉拽得变形。这张白色的纸巾进入这个家庭之前，大约也曾踌躇满志，希望自己的光和热能点亮不到一百平的房间，然而最后她也在被拉拽得变形的时间里被榨净了最后一滴情绪劳动的番茄酱。

他一直知道父亲在外人面前对母亲的评价，但他是从什么时候开始认同的，已经记不清了。母亲其实是人大中文系毕业的才女，那个年代的大学生像现在学校里不戴眼镜的同学一样珍贵。他小时候有很严重的慢性病，发作起来小脸青紫如茄子，母亲带着他辗转求医，最后干脆不再工作了。腰身也慢慢肿胀如茄子，只有照片的影像里留存着她年轻时的娇娆。他在抽屉里翻出过母亲大学时写的散文和小说，还有一些零星的诗歌片段。他看不懂，只是觉得文字很美，字迹也美。一些记忆涌进了海马体，发出辛辣刺鼻的味道，他有一次洗好衣服，忘了把它们从洗衣机中拿出，隔天再打开盖子，衣物发酵了，发出的也是这样辛辣刺鼻的味道。母亲用温暖干燥的手抚摸他病中滚烫的额头，给他讲古希腊和北欧神话，他在昏昏沉沉中混淆了那些拗口的人名，最后耳边只剩下了"什么什么斯""什么什么特""什么什么丁"。语文老师曾说他的灵魂很"薄"，他一直不明白这样说的含义。有很多次，他从题目里抬起头，看向语文老师，总会想起母亲。他不知道母亲如果没有做家庭主妇，是不是也是这样，穿剪裁得体的旗袍，喷价格不菲的香水，走在写字楼或者教学楼里。她十九岁的日记里写道："我渴望在玫瑰色的黄昏里，触碰爱与美的真谛，挣脱所有桎梏，奔向自由的旷野。我坚信，未来会将星辰大海捧到我掌心，世界的每一个角落都将回响我的脚步。总有一天，我要站在洒满阳光的大学讲台上，以文字为舟，载着学生们穿越千年的文学长河、浩瀚的历史星河。我们会一同仰望最美的星空，追逐天边的浮云，让思想在无垠的天地间肆意生长。"在灰色和黑色的衣服面前，他对于语文老师的强烈的厌恶消弭了，淡化了，不见踪迹。无法言状的情感在少年的拳头里涌动，像一突一突蹦跳的心脏，他被拳头重击，踉跄倒地，抱着胸口的橙色背心，面朝前，扑进衣柜里茂密的灰色和黑色衣服里，痛哭出声。

他走上高考考场那天，最后一次穿着橙色背心，他想，它就要完成它的使命了。只是不知道为什么，这次头脑虽然清醒，但身上一阵冷一阵热的，他摸摸自己的额头，才发现自己烧得很厉害。他就像一辆失控的列车，在轨道上歪歪扭扭，横冲直撞，在橙色背心的疯狂带领下完成了最后一科答题。橙色背心像藤蔓寄生一般，死死缠绕住他，他喘不过气，双眼通红，肌肉酸软，任凭橙色背心推搡着他往前跑着，两腿之间好似发生粘连，磕磕绊绊。海水涌进了他的鼻腔，鼻涕和眼泪一起往下淌，他只是摇晃着，写着，坚持把所有科目答完，坚持走到终点线。他太累了，最后一公里，几乎是在匍匐前进，手和脚都摩擦出血痕，在地面上扭曲着。铃声响了，他把笔尖插入笔盖，像战士把利剑插入剑鞘。橙色背心在这一刻竟然崩解了，从校服下掉了出来。保安发现这个面色苍白的男孩昏厥在地上的时候，考生们正在熙熙攘攘向外走去，这一届高三生的十二年基础教育在一阵骚乱中画上了句号。监考老师收走了他桌面上写满了答案的答题卡，黑色水笔痕迹是一种完美的工整，是一种对高分和头部高校势在必得的工整。他们按部就班地完成讲台桌面的整理，另一位监考老师再次点了一遍答题卡，准备把它们悉数放进密封袋，却突然发现，名字一栏写着"向启航"的学生交了一张完全空白的答题卡。与此同时，已经装进卡车，送往阅卷点的各学科答题卡密封袋里，凡是写有"向启航"名字的答题卡，上面的作答字迹都统统消失了。

后记

　　书写小人物的故事是我一直以来的一个愿望，书写深圳的故事是我一直以来的另一个愿望。二者一拍即合，我打算站在世界性与本土性的交叉点，创作关于深圳的一系列故事。以特区窗口深圳的发展变迁为背景，关注生活在这座年轻的一线城市的普通人如何面对结构性的动荡，解构精神的保守与凋零，追索共识或个识，拥抱悬而未决的问题，在"追问"和"完成"中温柔着陆，寻求不同的可能。

　　怎么定义这个"小"呢？我想在宏大的生存命题和生命命题面前，我们都是小人物，我们都会有企图自我救赎的孱弱时刻，无关其他。

　　正因为"小"，我们会有很多的疑问，很多的困惑，很多的迷思，不管身处人生的任何阶段，都是如此。记得我曾和一位书店主理人聊天，他四十出头，对我笑着说："你看，我已经过了不惑的年纪，你说我真的就不惑了吗？当然不是，不管是新的困惑，还是旧的困惑，我是对自己的很多困惑已经自洽了。"可见，我们对人生、对人类、对人性的疑问、困惑、思考，会贯穿我们的一生，这是稀松平常的事，是真实的残忍，也是命运的恩典。"残忍"在我们需要这么走一遭，需要经历和体验，"恩典"在我们经历和体验的过程中，逐渐获得经验，获得珍贵的成长。

我父母20世纪末从他们各自的家乡来到深圳，所以，我可以算作人们口中常说的"深二代"。我亲身见证了深圳在短短几十年间迅速发展起来，从小渔村到国际大都市。当然，深圳的历史远远不只有这几十年，这里姑且按下不表。我生于深圳，长于深圳，像一株生长在深圳的亚热带植物。借我的笔，关注普通人困局的缠斗姿态和生存境况，探索爱与痛的谜题，诠释人性的幽微和秘谛，好像自然就成了我的使命。所以，我在封面上写道，这是"七块湿漉漉的岭南淤青"。它们是疼痛的，是隐秘的，是潮湿雨季的产物，是个体化的痕迹和标志，却又有一些共性的达观、清醒、克制。

这部集子收录了我近年来创作的7篇中短篇小说：《金色罗汉》《隔江相望》《所罗门婚歌》《溪山》《摩伊赖的剪刀》《螺》《橙色背心》。《金色罗汉》中，设计师何必和牙医汪洋拥有体面工作，却背负着各自成长经历里的阴影沉重前行，当他们缔结亲密关系，悲剧一触即发，从侧面反映了一种时代症候；《隔江相望》中，展开了一场有关欲望、虚妄、名利、疼痛的博弈，青年钢琴家仇莉与乔路"隔江相望"；《所罗门婚歌》中，灯饰厂女工周小燕和足球教练林爱华因为"换肾"而走到一起，牵连出一桩数年前的往事，在生与死的抉择面前，他们又将何去何从；《溪山》中，转业后发迹的基建工程兵陈绍堂将留守在村庄的儿子陈山接回深圳，大山中长大的孩子从此摇身变成富二代，开始修道学琴，浮沉挣扎，与这座城市的鸿沟却始终横亘；《摩伊赖的剪刀》中，被父母安排好人生的国企职员丘浦连续十九年都在做同一个噩梦：客厅中央挂着巨大的人物浮雕画像摩伊赖（Moirai），循楼梯而上，房间里坐着一个背对着他的男人，十九年来他从未看到过男人的脸孔；《螺》中，父亲在地下铁里陷入他的世纪回忆，想起失踪在雪夜的二十一岁的女儿，最终，父亲溺亡在了螺壳里；《橙色背心》中，有一天，理科少年向启航的黑白灰衣服丛里多了一件突兀的橙色背心，他周旋在父亲、母亲、语文老师之间，迎着青春期的暴风雨，试图穿行应试教育的诘问和规训。

在这部中短篇小说集问世以前，它们大多已经见于一些期刊。在数位师友的帮助和提点下，我删改了数次，最终有了今天的模样。在多元文化碰撞出的新城市图景下，完成

"深二代"眼中的城市在地书写，思考着，探索着，过渡着。

感谢我的家人和朋友在我的背后默默守护，使我可以心无旁骛地"躲进小楼成一统，管它冬夏与春秋"。尤其感谢我的母亲。她在我数次怀疑自己的创作时支持我，鼓励我，坚信我的作品是独一无二的，也坚信我是她独一无二的作品。这对我来说，是莫大的力量源泉。

希望你会喜欢"深二代"眼中的这七个深圳故事。

武捷宇

2025 年 5 月 17 日写于深圳

附录：关于亲属活体器官移植的医学伦理研究

鉴于《所罗门婚歌》涉及亲属活体器官移植，对于伦理审查的部分，作者做了周密的研究，以确保情节真实、客观，归纳要点如下，文后附参考文献。

1. 伦理审查的流程，不仅仅停留在适应证等形式审查层面，也包括供者与患者双方的利弊权衡：亲属间的器官捐献必须严格恪守"无偿、非商品化"原则。亲属活体器官移植虽然能救命，但必须同时保护供体和受体的权益：

（1）供体：确保真的自愿（没有家庭／社会压力）、身体足够健康、术后生活有保障；

（2）受体：确保手术是"最后选择"，术后有质量地生存，且不因为治疗而陷入经济绝境；

（3）社会层面：避免"隐性强迫"（比如道德绑架供体）和资源浪费（比如术后效果差的患者过度占用资源）。

2. 供体和受体大多是亲属，比如父母给子女、子女给父母、兄弟姐妹、夫妻等，其中供体年龄比受体大的情况更多，男性供体和男性受体占比更高。